反日レイシズムの狂気

まえがき

日本は3000万人というナチの1170万人を上回るホロコーストを行ったと、とんでもないことを夢想する歴史家が現れました。ヒットラーのホロコーストに関するラウル・ヒルバーグとマーティン・ギルバートの有名な著作に匹敵するような日本のホロコーストを包括的に概観する歴史を書いたつもりのようです。

しかし、「存在しないもの」をあったという前提に立って歴史を書こうとすると、空想物語しか生まれないという事実を示してくれるのが本書です。尤《もっと》もあまりに「反日レイシズム」が露骨で空想世界とはいえ、日本人を馬鹿にし、貶《おとし》める空想物語で、まともな神経と常識を以《もっ》てしては読むに堪えないしろものですが。

著者のブライアン・マーク・リッグとは何者

リッグの著書

でしょうか？　学者とはいうけれど、どのような経歴の人間なのか、一応確かめておくべきでしょう。

・エール大学で学位を取得し、ケンブリッジ大学で博士号を取得。
・ナチのメンバーであったハーフ・ユダヤ人の厖大な資料を集め、『ヒットラーのユダヤ人将校』という本でコルビー賞を受賞している。
・アメリカの軍事大学、サザン・メソジスト大学、ウエストポイントのアメリカ陸軍士官学校などで歴史学の教鞭をとっている。
・現在、ウィキペディアでは作家、海軍歴史研究者、講演者として紹介されている。

このように、一応一流大学で博士号を取得しており、またアメリカの軍関係の学校で教えていますので、バカなことを言う学者だと片づけるわけにはいきません。彼の説がそういったところで、受け入れられてしまうことになると、日本にとって重大な影響が及んでくることにもなるからです。

これは水際で撃滅しておくことが絶対に必要ですが、本人は意外にもかなり無自覚で幼稚なレイシストであることを暴露しています。

たとえば、第8章のグアムの暴行の中で、「日本当局はまた、地元の人々に彼らの言語と習慣を押し付け、学校の子供たちに厳しい日本語と日本文化を強制した」と書いていま す。チャモロ人が流暢な英語を話したと書いた後で、平気でこういうことを言っているのです。チャモロ人はアメリカ人によってそうさせられたのですが、それは当然のことで、日本語を強制するのは「悪」と平気で言っているのです。途方もない差別意識を無自覚に表現してしまっているのです。

こういうある意味で幼稚なところのある「差別主義者」ですが、実はそれが途方もなく、根強く、またそれを根底としたレイシズムに基づいて書いているのが『Japan's Holocaust』であるということを本書では「包括的に」暴露していきたいと思っています。

1564もの注をつけ、さも文献事実に基づいているかのように装っていますが、文献にもピンからキリまであります。偏見に基づいて選んだ注は何も事実を証明することにはなりません。一例を挙げてみましょう。

「ある調査によれば、推定20万人の『慰安婦』のうち、悲惨な運命を生き延びたのはわずか10％だった。その多くは内出血や戦闘地域内、あるいは病気のために命を落としたが、他の者たちは、もはや役に立たないと判断されると、加害者たちによって冷酷に殺害された」（注724、Bradley, Flyboys, 61）

こんな100％のウソが、「文献」に基づいて書かれているのです。慰安婦が強制連行された、ということはたった1件も実証されていないことは今ではよく知られた事実です。

さらに、ハーバード大学教授ジョン・マーク・ラムザイヤー著『慰安婦性奴隷説をラムザイヤー教授が完全論破』（ハート出版）に述べられているように、慰安婦は業者と合意契約を結び、多額の前借金を得て働いていた当時合法的であった、売春婦なのです。軍は売春の宿を提供し、衛生検査を行ったほか慰安婦を保護するための管理を行っていたのです。慰安婦が役に立たなくなったからといって、「冷酷に殺す」などありえないことです。そのようなことをしたら、軍法会議で死刑判決を受けることは必至です。

逆に、韓国人慰安婦の文玉珠（ムン・オクジュ）をインタビューした『ビルマ戦線　楯師団の「慰安婦」だった私』（梨の木舎）という本がありますが、その本の中で、彼女は酒癖がわるくて酔っ払った兵長から軍刀で殺《あや》められそうになったのでしたが、何とか逃れた末、兵長を殺してしまった事件のことが書かれてあります。軍法会議にかけられましたが、なんと彼女は正当防衛で無罪判決を受けているのです。朝鮮人慰安婦であるにもかかわらず、人種差別をされることなく、無罪判決を受けているのです。日本軍は法律を守っていたという証拠です。リッグは、まるで日本は法治国でなかったようなことを平気で言っているのです。話にならない大ウソを「文献」に基づいて書いているのが、リッグのこの本です。

基本的にこの調子で、日本は無法なやくざ国家であるという前提で様々な「引用」がなされていることが、本文をご覧になればご理解いただけると思います。

こんな日本、日本人、日本国家を侮辱したレイシスト本を放っておくことは絶対にできません。

それだけではありません。ウソの前提に基づいてアメリカ軍の原爆投下を正当化しています。その正当化も生半可ではありません。「日本国民にとって幸運だったのは、たった2発の原爆で済んだことである」（p. 279）と恩着せがましい暴言を吐いているのです。

２０２４年のノーベル平和賞に日本原水爆被害者団体協議会（日本被団協）が選ばれました。悲惨な原爆を許すことができないということが世界の常識となっていることを示す受賞です。

原爆投下を真っ向から正当化するリッグのこの書は日本の敵であるとともに、人類の敵であることを物語る受賞です。許しがたい黒書であると言わなければなりません。

[目次]――『反日レイシズムの狂気』

第4章　いわゆる南京虐殺の虚構

第5章　写真の虚実

第6章　中国人２０００万人虐殺という大ウソ

第1章　著者の驚くべき「日本人観」

3000万の恐ろしい虐殺

「広範な調査によると、日本は1927年から1945年まで、18年間にわたって『劣等民族』を絶滅させようと少なくとも3000万の恐ろしい大量虐殺を行った」（『Japan's Holocaust』第16章 p.190）

というおどろおどろしい虚説を学者Bryan Mark Rigg（リッグ）が本気で主張しているのが、この『Japan's Holocaust』なる本です。

著者は数々の流布《るふ》されている日本人が犯したといわれる残虐行為なるものをそのまま信

じ込むというところから、論を進めていきます。

序章（p.19）に、著者が南京虐殺記念館の前に建てられた記念碑の前に立っている写真が載っています。そして記念館に展示されているニセ写真をはじめとする数々の虐殺展示を見て怒りに震えると書いているのですが、まずその入り口で騙されていることに全く無自覚です。

この像が立つ前、ここには１９４９年に共産党政権によって「雨花台烈士陵園」が建てられ、記念碑には「嘗《かつ》て国民党政府は中国共産党の烈士30万人をとらえて南京に送り、この雨花台刑場において悉《ことごと》く屠殺した」と書かれていたのです。毛沢東が「死難烈士萬歳」と揮毫もしていました。それが、同じところに１９８５年に「侵華日軍南京大屠殺遭難同胞記念館」が建てられると、「国民党によって30万共産党員が屠殺されていた」はずの記述が、日本軍による中国人殺害「遭難者３０００００」と書かれるようになったのです。

中国、特に共産党政権はこんな書き換えを平然と行う国である、という初歩的な事実に全く無自覚というか、無知なのがこのリッグという著者であるということです。

南京虐殺については、第４章で詳しく説明しますが、これは実は捏造されたプロパガンダであり、事実では全くありません。毛沢東は、南京虐殺など主張していませんでした。南京戦については書いていています。1938年5月26日から9日間にわたって延安の抗日戦争研究会で「持久戦について」という演題で講演を行いました。この中で、毛沢東は日本軍の作戦を批判して「包囲は多いが殲滅《せんめつ》が少ない」といい、南京の日本軍は支那兵を殲滅しなかった、そのため支那軍は助かった、支那軍に反撃の機会を与えたのはそもそも日本軍が支那兵を殲滅しなかったことに起因する、と総括しているのです。これは、後に『持久戦論』という毛沢東の代表的な著作の中に掲載されていることです。

南京虐殺などプロパガンダであったという分かりやすい証拠を一つ挙げましょう。日本軍が南京に迫ってきた1937年11月29日に南京在住の外国人（その中心はアメリカ人宣教師）によって、南京安全地帯国際委員会が発足し、住民のための避難地区として「安全地帯」が設定されました。当時、王固磐警察長官が「現在南京には20万人の一般市民がいる」と記者発表しました。一般市民はこの安全区に集合することが唐生智司令官によって命令されました。従って、市民の数は20万でした。国際委員会の文書を集めた『南京安全地帯の記録』が後に、国民党の監修で上海の Kelly & Walsh 社から刊行されますが、そこには12月中は４カ所で人口20万と記録され、そして１月14日には25万に増えているのです。20万の人口で30万虐殺など、お笑いにもなりませんが、しかも１月には増えているのです。虐殺の有無を判断する基本情報は人口情報です。この人口情報で明確になっていることは30万どころかごく小規模虐殺も完全に否定されているのです。

また、日本軍は中国で２０００万人を虐殺したと書いています。しかし、戦後すぐの１９４６年に国民党政権は、中国軍の死者１３２万人と発表しています。その翌年の１９４７年には市民死者４３９万人と発表しています。この市民の数字も過大です。そのことは、第６章で詳しく説明いたします。

ところがです、それから40年も経った１９８５年に江沢民政権は軍民死者２０００万人と10倍近い数字を発表し、更にその10年後にはこれが３５００万になります。いくらでも簡単に増やせるわけです。全く報道の自由がなく、共産党政権はいくらでも勝手な数字を発表でき、それを実際に行っているのです。こんな全く当てにならない数字をもとに、著者は、日本軍は２０００万を虐殺したというのですから、ひどいものです。中国共産党の宣伝のお先棒を担いでいるようなものです。

要するに、事実の検証を全く行わず、戦時宣伝文書を含む何かの文献に出ていたものをそのまま「絶対的な事実という前提」の上で、日本軍は残虐で大量の虐殺を無慈悲に行ったと結論します。ではどうして日本軍の残虐さは生まれたのか、という推論をハワイ大学のブライアン・ヴィクトリアという仏教学者の怪しげな仏教論などをもとに行っていきます。

その結果とんでもない日本人像を描き出します。

「天皇崇拝と禅仏教の信条を確実に根付かせるために、1870年から1884年にかけて1万人の伝道者が大規模なキャンペーンに雇用された」と無知丸出しの歴史を述べたうえで、

「(日本人は) 自分たちが神々の直系の子孫であり、神々の一人に支配されているという独我論は、極端なエゴイズムを助長し、まさに自分たちは神の許しがあると信じていたからこそ、近代の如何なる権力も行ったことがないような最もグロテスクな残虐行為を喜ん

で行う国民を生み出した」（『Japan's Holocaust』第１章 p.26）

というのです。驚き桃の木、我々日本人にとっては、考えたこともないような人間にされてしまうのです。まるで日本人は、何でも権力者のいうことには無批判に従う馬鹿な民族であるという脈絡でこのような日本人像をためらいもなく書くのです。まさにレイシストです。大体「劣等民族」を絶滅させようと日本人が戦ったことなどあるというのですか。とんでもないことです。

無知な著者は知らないのかもしれませんが、１９１９年2月13日、パリ講和会議で日本代表は世界で初めての「人種差別撤廃提案」を行いました。賛成11、反対５と賛成多数を獲得したのですが、議長のウィルソン・アメリカ大統領によって「満場一致でない」という理由にならない理由により却下されてしまいました。その後も日本は人種差別撤廃には尽力しております。１９４３年11月６日、アジアの独立国６か国（日本・中国・満洲・フィリピン・タイ・ビルマ）とインド仮政府が参加した大東亜会議で共同宣言が採択されました。次の通りです。

向かって左から、ビルマのバー・モウ、満洲の張景恵、中華民国の汪兆銘、
日本の東條英機、タイのワンワイタヤコーン、フィリピンのホセ・ラウレル、
自由インド仮政府のチャンドラ・ボース

1．大東亜各国は、協同して大東亜の安定を確保し、道義に基づく共存共栄の秩序を建設します。

2．大東亜各国は、相互に自主独立を尊重し、互いに仲よく助け合って、大東亜の親睦を確立します。

3．大東亜各国は、相互にその伝統を尊重し、各民族の創造性を伸ばし、大東亜の文化を高めます。

4．大東亜各国は、互恵のもとに緊密に提携し、その経済発展を図り、大東亜の繁栄を増進します。

5．大東亜各国は、すべての国との交流

を深め、人種差別を撤廃し、広く文化を交流し、進んで資源を開放し、これによって世界の発展に貢献します。（『大東亜会議演説集』）

第５項をご覧ください。人種差別撤廃を高らかに謳《うた》っているのです。世界初の国際的な人種差別撤廃宣言です。インド仮政府代表のチャンドラ・ボースは大変格調高く、説得力のある演説をこの会議で行っておりますが、その中で、大東亜共同宣言について次のように述べています。

「本日午後この歴史的会議において満場一致を以って採択されたる大東亜共同宣言が東亜各国民の「憲章」であり、さらには全世界の被抑圧国民の「憲章」たらんことを祈る次第であります。本大東亜宣言が、本年以後「自由の新憲章」として世界史に遺らんことを祈念してやまない次第であります」（『大東亜会議演説集』）

世界の憲章にすべき宣言であると言っているわけです。ちなみに戦後、国際連合総会で人種差別撤廃条約が採択されたのは、１９６５年のことであり、発効したのは１９６９年、日本が最初に提案してから50年後のことでした。

こういう日本に対して、「劣等民族を絶滅させよう」と考えていた、などというのですから、余りにもひどいウソまみれのレイシズムには辟易《へきえき》します。

日本に対する無知、偏見、蔑視、差別意識でこり固まった著者の頭は正真正銘のレイシズム思考であると言わざるを得ません。

こんな偏った「レイシズム・メガネ」で日本人と日本を見ていくのですから、いくら文献資料を引用しようと、公正、公平なものであるはずはありません。繰り返しになりますが、事実のまともな検証が全くなされていないという根本的な欠陥のある本です。

こんなレイシスト的な日本人観そのものに全く根拠がないということを以下明らかにし、いかに虚偽に満ちた本であるかを実証していきましょう。

第2章　歴史事実が示す「日本軍が勇敢で強かった理由」

北清事変(義和団事件)

1900年に北清事変が起きました。極端な排外主義、反キリスト教主義を掲げる宗教結社の義和団は、1899年12月30日に山東省でイギリス人宣教師を殺害しました。1900年の5月には北京から70キロほどのところでキリスト教会を襲撃し、北京に迫ってきました。

1900年5月8日、北京における8か国の公使会議で事態は切迫しているとの認識で一致し、一斉に海軍陸戦隊を招致することを決めました。1899年9月の清国政府との間での取り決めに基づき、イギリス・アメリカ・フランス・ロシア・ドイツ・オーストリア・

イタリア・日本の8か国は、海軍陸戦隊を各30名、公使館並びに自国民保護のために招致することになり、6月2日には、総数442名が北京に入城しました。各国の武官はさらに民間人からも有志を募り、義勇部隊を編成して防衛力強化を図りました。6月1日にはイギリス人宣教師が殺害され、ベルギー鉄道技師たちが殺害されました。6月11日、日本公使館の杉山書記生が清国軍によって惨殺されました。20日にはドイツ公使が殺害されました。

この北清事変は、第1章で述べましたように、『Japan's Holocaust』に「天皇崇拝と禅仏教の信条を確実に根付かせるために1870年から1884年にかけて1万人の伝道者が大規模なキャンペーンに雇用された」と書かれているときから15年ほど後のことであり、タイミング的にその結果がどうであったのかを検証するのにふさわしい事例です。

また、日本軍はこの事変では7か国の列強軍とともに戦いましたので、他国軍と比べてどうだったのか、また他国軍の人々にどのようにみられていたのか、北京市民からどのようにみられていたのかなどを検証するのにふさわしい事例であると考え、取り上げたものです。

６月21日、清国は何と義和団支持を表明した上、列国に対して宣戦布告をしたのです。各国公使館と居留民を守る籠城軍は絶体絶命の窮地に追い込まれたわけです。８か国は救援軍を派遣しようとしましたが、清国軍に阻まれてなかなか北京に進軍できません。ようやく救援軍が北京に入城したのは８月14日でした。それまでの約２か月間のあいだ籠城軍は協力し合って、清国軍・義和団軍の攻撃を防いで居留民を守ったのでした。

中でも柴《しば》五郎《ごろう》中佐と日本兵が目覚ましい働きをしたことは、イギリス公使館の書記生だったランスロット・ジャイルズが日記（６月24日）に書いている通りです。

「日本兵が最も優秀であることは確かだし、ここにいる士官の中では柴中佐が最優秀と見做《な》されている。日本兵の勇気と大胆さは驚くべきものだ。我がイギリス水兵がこれに続く。しかし、日本水兵はずば抜けて一番だと思う」（『守城の人　明治人 柴五郎大将の生涯』村上兵衛、光人社）

これらの日記を発掘し、『北京籠城』という本にまとめたピーター・フレミングは次のように記述しています。

「戦略上の重要地である王府では、日本兵が守備のバックボーンであり、頭脳であった。日本を補佐したのは頼りにならないイタリア兵で、日本を補強したのはイギリス義勇軍だった。日本軍を指揮した柴中佐は、籠城中のどの士官よりも有能で経験も豊かであったばかりか、だれからも好かれ、尊敬された。当時、日本人と付き合う欧米人はほとんどいなかったが、この籠城を通じてそれが変わった。日本人の姿が模範生として、皆の目に映るようになった。日本人の勇気、信頼性、そして明朗さは、籠城者一同の称賛の的となった。籠城に関する数多い記録の中で、直接的にも間接的にも、一言の非難を浴びていないのは、日本人だけである」（『守城の人　明治人 柴五郎大将の生涯』村上兵衛）

これは虚言を書く必要も何もない、現場の観察者が書いたものです。敵をあしざまにののしる戦時宣伝文書や、センセーショナルな新聞、雑誌の記事に格段に優る真相を語る文書です。このどこに、日本人が「劣等民族絶滅のために殺害を喜んでした」などとリッグのいう日本人の姿があるというのでしょうか。話は全く逆ではないですか。リッグの言っていることは、途方もない悪質な虚言であることが明白ではないですか。

一般居留民として籠城したアメリカの女性ポーリー・C・スミスの記録も半ば伝聞の評判記だけに、かえってその時の欧米人たちの雰囲気を裏書きしていると言えましょう。


「柴中佐は小柄な素晴らしい人です。彼が交民巷で現在の地位を占めるようになったのは、一に彼の知力と実行力によるものです。

最初の会議では、各国公使も守備隊指揮官も、別に柴中佐の見解をもとめようとはしませんでした。でも、今ではすべてが変わりました。

柴中佐は、王府での絶え間ない激戦で常に怪腕をふるい、偉大な士官であることを実証しました。だから今では、全ての指揮官が、柴中佐の見解と支援を求めるようになったのです」（『守城の人　明治人 柴五郎大将の生涯』 村上兵衛）

当時の欧米兵には、略奪、強姦は戦争の余禄、といった常識がまかり通っていたようです。

外国の兵士たちが中国の軍隊と同じようにたちの悪い連中であることを民衆はよく知っていました。ところが日本軍は軍規厳正、個人的な非行は全く行わなかったのです。市民は驚きました。そんな軍隊を彼らはかつて見たことがありませんでした。その噂は町中に広まり、人々は「大日本順民」と記した日章旗を掲げて、日本軍を歓迎したのでした。（『守城の人　明治人 柴五郎大将の生涯』 村上兵衛）

リッグの本書には、至る所で日本軍は略奪、暴行、強姦、虐殺を繰り広げたといった記述が繰り返し出てきますが、実際の日本軍は、それとは全く逆であったということです。当てにならない、戦時プロパガンダの記述をリッグのこの本は何の検証もなくというよりも、まるごと肯定して掲載しているということがよくわかります。

連合軍北京入城

8月14日、連合軍は遂に北京入城を果たしました。この日の午後、北京入城後第1回の列国指揮官会議がロシア公使館で開催されました。イギリスのマクドナルド公使も出席し、冒頭、北京籠城の経過について報告しました。

かれは淡々と、しかしいかにも軍人の出身らしく、事実について的確に、順を追って述べました。「武器、食料の窮迫、守兵の不足、しかし、将兵の勇敢さと不屈の意志、不眠不休の働きによって、ようやく救援の連合軍を迎えることができた」と。そして、「北京籠城の功績の半ばは、特に勇敢な日本将兵に帰すべきものである」とマクドナルド公使は公正な態度で付け加えました。

「この日、粛親王府《しゅくしんおうふ》を守り続けた日本の義勇兵は解散しました。陸戦隊も今日から柴中佐の指揮を離れます。

一同を集めた柴中佐は、心から長い間の彼らの勇戦奮闘をねぎらい、列国指揮官会議におけるイギリス公使の言葉を伝えました。

列中から嗚咽の声がもれました。誰もが、祖国の名誉を守り、欧米の人びとからも認められた誇らしい感情を噛みころし、味わっていました。

嗚咽の声は、一同のあいだに拡がっていきました。男たちはみなぼろぼろと涙をこぼしながら、男泣きに泣いていました。

さすがの柴中佐も、眼を真っ赤にうるませて、健闘した部下たちの一人ひとりの顔を、記憶に刻み付けるように見返しました」（『守城の人　明治人 柴五郎大将の生涯』村上兵衛）

これが本当の日本軍の姿です。掠奪、強姦、市民虐殺をほしいままにした軍隊であると描くリッグのこの本は、日本軍に対する悪意と差別に満ちたフェイク本であることが明々白々です。

入城後の日本軍

連合軍の入城後も市街戦は5日間にわたり、清国兵は市中から掃討されたものの、群盗と化した暴徒が跳梁《ちょうりょう》し、連合軍の将兵そのものも略奪者となって横行、北京は死んだ街となりました。

その中でいち早く治安を回復し、日常が戻ってきたのは、内城の北畔、すなわち日本軍の占領地域です。

そのため他国軍の占領地域から、日本軍の占領地域に移り住む市民も少なくなかったのでした。

日本軍占領区域の治安の良さは、市民のあいだばかりでなく、連合軍のあいだでも評判となりました。そこで、アメリカ軍の指揮官は、わざわざ視察を行い、「治安の方法について教えを乞いたい」と柴中佐を訪問しているのです。

そしてイギリス指揮官の発議によって「警務委員会」が発足し、各国軍から将校の委員を出して、警察制度を統一することにしました。その制度は、おおむね柴中佐の意見と方法に従ったものとなりました。（『守城の人　明治人 柴五郎大将の生涯』村上兵衛）

このように、北清事変における日本軍の在り方を見ることによって、リッグの『Japan's Holocaust』の前提となっている次のような日本人観は、独断と偏見、日本蔑視に満ちたレイシズムのメガネによって描き出された虚像であって、事実とは縁もゆかりのないものであることが証明されました。

「（日本人は）自分たちが神々の直系の子孫であり、神々の一人に支配されているという独我論は、極端なエゴイズムを助長し、まさに自分たちは神の許しがあると信じていたからこそ、グロテスクな残虐行為を喜んで行う国民を生み出した」（『Japan's Holocaust』第1章 p.26）

第3章　3000万人虐殺という荒唐無稽な虚説

第1章で述べましたように、「1927年から1945年までの18年間に「劣等民族」を絶滅させようと少なくとも3000万の恐ろしい大量虐殺を行った」と著者リッグは第16章で書いています。その内訳は次の通りです。

中国：2000万人（最小値、保守的）
インドネシア：400万人
ベトナム：200万人
ベンガル飢饉：150万人
フィリピン：100万人

朝鮮：50万人
泰緬鉄道：34万5千人
マレー／シンガポール：20万人
インド：18万人
沖縄：15万人
サイパン：1万6751人
テニアン：4千人
グアム：2千人
合計：2989万7751人

虐殺の定義は簡単にいえば「不法殺害」のことです。戦争における敵兵の殺害は、国際法によって「合法」とされていますので、虐殺ではありません。従って、戦争における殺害を除いて、日本は3000万人の殺害をしたというのですから、ものすごい数字だということになります。しかも、「劣等民族」の殺害であるというのです。日本は特定の民族を「劣等民族」などと考えたこともなく、いわんやそれを抹殺しようなどと考えるはずもないのですから、この数字はゼロであると断言できることになります。

しかし、こんなバカバカしい数字を著者は本気でこの本に書き連ねていますので、それがいかに根拠のないたわごとであるか、つまりフェイクであるかについて、一応説明していくことに致します。

中国２０００万人については、後で別途取り挙げることにしまして、その他のひどい例について、ここで検討していくことにします。

インドネシア：４００万人

１９４２年３月１日、５万５千の日本軍は、ジャワ島に上陸します。オランダ軍６万５千とイギリス・オーストラリア・アメリカ連合軍１万６千の合計８万１千が迎撃しましたが、日本軍は破竹の進撃を行い、３月５日には首都バタビア（現在のジャカルタ）を占領し、６日にはボイテンゾルグを占領、７日にはバンドン要塞の占領にも成功し、８日には全軍を降伏させたのでした。数に勝る連合軍をわずか１週間余りで降伏させるという快挙でした。これは、町を破壊し、住民虐殺を見境なく行うといった、リッグが随所で書いているようなことを日本軍が行ったから可能になったのではありえません。そんなことをしていたら、大混乱となり、連合軍を降伏させるのには何か月もかかることになったでしょう。全くその逆に、規律正しい日本軍に対してインドネシア住民の直接、間接の支援があればこそこの奇跡的な勝利が実現したということです。

つまり、たった1週間で全インドネシアの占領を行った日本軍が、400万人の民間人を虐殺するなどということが一体どう考えたら可能なのだということです。

日本軍は、インドネシア独立を目指していた、スカルノ、ハッタなどの指導者を監獄から救出し、日本の軍政に協力させ、インドネシアの自治確立に向けて活動を支援していきます。1943年10月にはPETA（郷土防衛義勇軍）を設置させ、そして、1944年9月には、小磯内閣がインドネシア独立を認め、独立準備調査会が設置されました。

日本軍はPETAを創設し、インドネシア人の武装部隊を育成します。終戦時には、3万6千の部隊となっていました。これが後のインドネシア独立戦争の中心部隊となり、

５年近い独立戦争により、独立を勝ち取ることになります。この独立戦争には、連合軍によって厳しく禁じられていたにもかかわらず、旧日本軍人のかなりの人々が参加しています。２０００人近くいたともいわれていますが、日本軍人の協力は独立軍にとっては大きな力となったと言われています。

約５年間続いた独立戦争で、10万人以上のインドネシア人が死亡したといわれていますが、４００万という数字は、この10万の死者を膨らました数字ではないかと思いますが、どうなのでしょうか。

スディルマンの銅像

日本軍が４００万人などという虐殺を行うはずがなかったことはこれまでの説明でご納得いただけたかと思いますが、ここでもう一つその有力な根拠をご紹介します。

２０１１年のことです。一体の軍人の銅像がインドネシア国防省から日本の防衛省に贈られてきました。それはインドネシアの国民的英雄で、PETA（郷土防衛義勇軍）出身でインドネシア軍初代最高司令官となった、スディルマン将軍の銅像でした。現在、防衛省内の敷地に建てられています。（『新しい歴史教科書』自由社）

400万もの国民を殺された国が、最高司令官の銅像を送ってきたりすることがありうるでしょうか。リッグの本がいかにウソに満ちたものであるかを如実に示す例です。

敵兵を救助せよ

リッグの本では、「武士道」がいかに残酷な考え方であるかということをしばしば書いています。そこで、ひとつ蘭印戦争で起こった事例をこれについて考えるためにご紹介します。

日本軍上陸を阻止すべく出動して来たオランダ・イギリス連合軍の艦隊と日本艦隊との戦い（スラバヤ沖海戦）で、イギリスの重巡洋艦『エクゼター』と駆逐艦『エンカウンター』を沈没させました。近くにいた駆逐艦『雷《いかづち》』艦長の工藤俊作中佐は第3艦隊司令部からの

「海上に浮遊する敵兵を救助すべし」との命を受信し、単艦で敵兵の収容に向かいました。まだ自艦は敵の攻撃を受ける危険性があったにもかかわらずです。結局『雷』は大変な苦労の末に、自艦の乗員150名の3倍の敵兵422名を救助したのです。

この時救助された当時少尉だったサムエル・フォール卿が、後に米海軍の機関誌『プロシーディングス』に「騎士道」と題した一文（7ページ）を寄稿したのです。

「私は、当初、日本人というのは野蛮で非人情、あたかもアッチラ部族かジンギスハンのようだと思っていました。『雷』を発見した時、機銃掃射を受けていよいよ最期を迎えるかとさえ思っていました。ところが『雷』の砲は一切自分たちに向けられず、救助艇が降ろされ、救助活動に入ったのです」

「私はまさに〝奇跡〟が起こったと思い、これは夢ではないかと、自分の手を何度もつねったのです」

「まもなく我々士官は、前甲板に集合を命ぜられました。また何をされるか、不安になりました。すると、キャプテン・シュンサク・クドウが、艦橋から降りて来てわれわれに、端正な挙手の敬礼をしました。我々も遅ればせながら答礼をしました。
キャプテン（艦長）は流暢な英語で我々にこうスピーチされたのです。

You had fought bravely.
Now you are the guests of the Imperial Japanese Navy.
I respect the English Navy, but your government is foolish to make war on Japan.

諸君は勇敢に戦われた。今や諸君は日本海軍の名誉あるゲストである。私は英国海軍を尊敬している。ところが、今回、貴国政府が日本に戦争を仕掛けたことはおろかなことである」（『敵兵を救助せよ！』恵隆之介、草思社）

まさしく「日本武士道の実践」です。なお救助された422名は当然その後、捕虜収容所に入れられますが、リッグの本のいたるところで、日本の捕虜虐待が書かれている

のとは異なり、待遇が悪かったとか、虐待を受けたとかいうことはなかったと言います。フォール少尉は収容所でオランダ語、マレー語、インドネシア語を学び、これが戦後外交官活動に大変役立ったと言っています。その後セレベス島の東岸にあるパラマに移され、そこで終戦を迎え１９４５年10月29日にリバプールに帰還しました。（『海の武士道』恵隆之介、産経新聞出版）

フォール卿はその後日本を訪問し、工藤中佐の墓参りをしています。また、１９９６年に自伝『マイ・ラッキー・ライフ』を上梓していますが、その巻頭に「元帝国海軍中佐工藤俊作に捧げる」と明記して顕彰しているのです。

ジュネーブ条約では、戦時下でも海上遭難者を不当に放置することは「戦争犯罪」と禁じています。しかし、敵の攻撃をいつ受けるかわからない状況では、放置しても違法ではないとされています。

さすがに、アメリカ海軍の機関紙『プロシーディングス』に掲載され反響を巻き起こしたフォール卿の文章を無視するわけにはいかないのでしょう、293ページに、「１９４２年、駆逐艦『雷』の艦長であった工藤俊作海軍中佐が、英米の海軍軍人442名を殺害する代わりに救助することで一般的な残忍さに逆らった」と書いています。さも工藤中佐が当時の日本軍の慣行に逆らったかのような書き方で、載せています。工藤中佐は何も彼単独でその行動をしたのではなく、第3艦隊司令部からの「海上に浮遊する敵兵を救助すべし」との命を受信し、それを実行したという肝心なことを無視した歪曲です。確かにこのような救助の実行は大変危険を伴い、なかなか実行できることではありません。では、リッグに聞きたいのは、アメリカ、イギリスなどの海軍でこのような敵兵救助を実行できた例はどれほどあるのか、ということです。

私の知る限りでは、アメリカ海軍はお決まりのように、生存兵士に対しては航空機から機銃掃射を浴びせていました。

なお、アメリカ海軍と異なり、日本海軍が基本的に生存者の救助を妨害していなかったことは、フォール卿が次のように語っていることからも明らかです。

「……艦長モーガン少佐は『エクゼター』が停止した時、ここから逃避するか、あるいは、停止して『エクゼター』の乗組員を救助すべきか一瞬迷ったようでした。

それは『プリンス・オブ・ウェールズ』と『レパルス』が撃沈された時、日本海軍が生存者の救助を妨害せず、しかもシンガポールまでの寄港も許したということがわれわれの記憶に残っていたからです。

しかし間もなく『エクゼター』の旗旒《きりゅう》信号に従い、『エンカウンター』は航進を続行しました。『エンカウンター』は艦首の一門を除き、全部の弾を撃ち尽くしました。

艦長はとうとう決断し、「総員離艦」を命令しました」（『敵兵を救助せよ！』恵隆之介、草思社）

敵兵救助は、日本海軍の原則的な方針であったということです。

ベトナム：200万人

1940年9月に日本はフランス政府の同意のもとにベトナムに進駐しました。蒋介石政権への支援ルートを遮断するためです。従いまして、一部意志不統一のいざこざはありましたが、大きな戦闘など起こっていません。1941年7月、いざというときのスマトラの石油確保を主目的として、南部仏印進駐が行われました。これもフランス政府との合意に基づくもので、これにより戦闘が起こったり、ベトナムで死者が発生したりはしていません。

1944年の10月から1945年5月にかけてベトナム北部で飢饉が発生し、40万から200万の餓死者が出たという説があります。

ベトナム政府は1940年9月に日本軍がインドシナに進駐し、その年の3か月間に日本軍は46万8千トンのコメを調達し、以後44年末までに、総計355万トンのコメを調達したと主張しています。

しかし、これは途方もないデマ宣伝というべきです。なぜなら、そもそも日本軍は占領軍ではなく、駐留軍であって、仏印総督府の行政権を尊重し、コメを強制的に調達することはなかったし、できなかったからです。もし日本軍がそれを強制したりしたら、仏印総督との間に大問題になったはずです。そのような記録はありません。

また、駐留日本軍は2万5千です。兵一人の1日の必要量を600グラムと見なせば、総必要量は1日当たり15トンとなります。すると1か月450トンですので、3か月では

１３５０トンとなります。それを、何と46万8千トンというのですから、３４６倍以上になります。如何にも共産党政権らしい、勝手な誇大数字です。41年から44年までは４５０×12×４＝２万１６００トンとなりますので、共産政権のいう３５５万トンという数字は、１６４倍となります。こんな当てにならない数字を持ち出して、日本はベトナム人２００万を虐殺したというのですから、バカバカしくて相手にできない数字です。

また、飢饉の主たる原因は北部での大洪水と、もう一つは連合軍の戦略爆撃で、南部の穀倉地帯のコメが洪水に悩む北部に輸送することができなかったことにありました。ですから、もしこの２００万餓死が本当とすればその主たる責任はアメリカを中心とした連合軍にあるということになります。

ベンガル飢饉：１５０万人

１９４３年に起こったベンガル大飢饉は、３００万の死者を出したという説もあるほどの大きな被害をもたらしました。しかし、これがなぜ日本軍の虐殺としてこの本では取り挙げられるのでしょうか。全くもって不可解なことです。

1943年には、日本軍はインドには一兵も入れておりません。なんでも日本のせいにしたがる反日レイシストは、こういう飢饉が起こった時には隣接するビルマなどからの支援が不可欠だったが、ビルマは日本の占領下でそれが可能でなかったとでもいうのかもしれません。

しかし、当時インドは大英帝国の一部であり、そこで起こった事態に対処する責任は当然、イギリス政府にあります。

2010年にインド人作家マドシュリー・ムカジーは『チャーチル　秘密の戦争』と題する本を書きました。この本の中でこの大飢饉の直接的な責任はチャーチルにあると結論づけています。当時、オーストラリアからインド経由で地中海地域へ向かう航路の船は輸出用のコメを満載していたと言います。しかし、チャーチルは緊急食糧支援の要請を悉く拒否し続けたと言います。

ムカジーは「チャーチルに対策がなかったわけではない。インドへの援助は何度も話に上がったが、チャーチルとその側近たちがその都度、阻止していたのだ」と指摘します。「米国とオーストラリアが援助を申し出ても戦時下のため英政府がそのための船を空けたがらなかった。米政府は自国の船で穀物を送るとまで申し出たのに、英政府はそれに反応しなかった」のでした。

こんな明らかに英国政府の責任問題であるにもかかわらず、日本軍の虐殺150万にしてしまうのですから全くもって呆れた本です。リッグの頭脳を疑います。

朝鮮：50万人

1927〜1945年の間に、日本統治下の朝鮮で、暴動など全く起こっていません。一体どうして50万もの朝鮮人を日本軍は虐殺したというのでしょうか。

一つ考えられるのは、慰安婦強制連行という「虚説」です。慰安婦問題については、様々な研究により、その実態、「強制連行」という大ウソが実証されています。中でも、ハーバード大学のラムザイヤー教授による研究が決定的なものであると言えるでしょう。主論文を日本語訳した『慰安婦性奴隷説をラムザイヤー教授が完全論破』（ハート出版）が、最も包括的な研究書です。慰安婦はみな合意契約をしていたということを厖大な資料に基づき実証しています。

そもそも慰安婦を日本軍が強制連行したなどということは、どんな記録にもありませんし、またそんな必要がありませんでした。売春は当時、合法的な職業でしたし、海外の慰安所で働く慰安婦の収入はかなり高いものでしたので、希望者はたくさんいました。

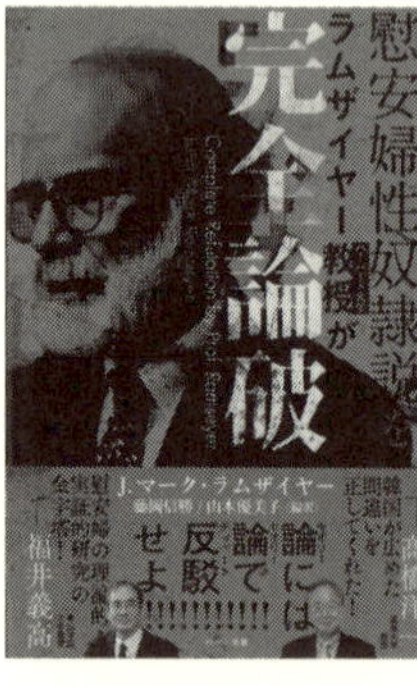

またもし強制連行など行われたとした場合、自分の娘、知り合い、縁者がそうされたのを黙って見過ごすほど当時の朝鮮人は怯弱《きょうじゃく》で情けない人たちだったのでしょうか。

幸いそんなことはありませんでした。戦争末期の1945年3月に米軍の捕虜となった3人の朝鮮人軍属に対する米軍の尋問調書（Military Intelligence Report No. 78）に、次のように書かれています。

「太平洋地区で我々が見た朝鮮人慰安婦はみな自ら望んでなったものか、親に売春婦として売られたものかだ。もし、日本人が強制的に連れてこようなどとしたら、若いものも年よりもそんなことは絶対に許そうとはしなかっただろう。男は立ち上がり、どんな報復が待っていようと、日本人を殺しただろう」

しかし、こんな事件はたったの1件も起こりませんでした。それは強制連行などということは全くなかったからです。いまだにただの一件も強制連行の証拠資料を見つけた人（学者たち）がいないのは、もともとないからです。

ところがある北朝鮮の元慰安婦と称する女性が、慰安婦は証拠を消すために抹殺された、などという大ウソを証言し、これをまともに受け取って、20万強制連行された慰安婦の多くは殺された主張する学者がいる有様です。この本の著者は、こういうフェイクをもとに朝鮮人50万人虐殺を主張しているのでしょう。全くもって話にならない大ウソです。

もう一つ考えられることは、朝鮮人は強制的に軍に徴兵され、50万も死者を出したとでも言うのでしょうか。

まず、朝鮮に徴兵令が適用されるようになったのは、1944年4月のことです。それ以前から、軍に志願する朝鮮人が非常に多く、1938年（昭和13年）に陸軍が志願兵406名を募集したところ、その7・3倍の2946名が応募してきました。その後応募熱はますます高まり、1942年には募集人数4077名に対して62倍の25万4273名が殺到したのです。日本国民である朝鮮人を徴兵することはいわゆる「強制連行」ではなく世界中で行われていた合法的なことです。しかも、この自主的な応募者の数からみても、こうして徴兵したことが強制であるから「虐殺」の対象となること、などというのは、全く実際から逸脱した勝手な想定です。また、徴兵された朝鮮兵は、実戦に投入するのが間に合わず、死者はほとんど出ていません。志願兵を中心に2万2182名が戦死し、靖国神社に祀られています。このうち14名は特攻に志願して亡くなった方です。

ところが、本書はとんでもないウソが書かれています。

「戦後の日本軍の公式記録では、アジア太平洋で約15万の朝鮮人兵士が命を落としたとされている。しかし、これらの朝鮮人のほとんどが、自分の意志に反して強制的に日本のために戦わされたことを認識することは極めて重要である」（『Japan's Holocaust』第4章p.52）

ウソが度を越しています。第1に前述したように、戦死した総数は2万2182名であり、15万が戦死したなどという「公式記録」はありません。また、徴兵は1944年4月から適用されましたが、実戦に投入するのには間に合わないケースが多く、徴兵で戦死した兵はほとんどいませんでした。従って、戦死したのは志願兵です。しかも数字に見るように、50倍を越す熱狂的と言っていい応募率です。これを、「これらの朝鮮人のほとんどが、自分の意志に反して強制的に日本のために戦わされたことを認識することは極めて重要である」というとは、何か狂っているか、詐欺のような大ウソではないですか。

なお、1944年から徴兵令を日本国民である朝鮮人に適用したことは、全く合法的なことです。日本に住む朝鮮人は選挙権も被選挙権も与えられていました。朝鮮国内への選挙の導入は、1945年からと発表されていました。朴春琴は1937年の衆議院選挙で、東京4区から立候補し、当選しています。昭和12年の選挙でも再び当選しています。「徴用」も日本国民に等しく課せられた義務でして、ILO（国際労働機関）でも、「徴用は強制連行」には当たらないと明確に定義しています。

朝鮮人の徴用は日本本土から大きく遅れ1944年から始まっていますが、その総数は

20万でした。ところがこの本は『強制徴用』は37万に上る」と書いた上に、「さらに67万～100万の朝鮮人が強制的に日本に送られ」と意味不明のことが書かれています。そして、「戦時中、約6万4千人の朝鮮人労働者が日本で亡くなり、そのうち3万は広島の原爆だけで亡くなった」と言いたい放題のウソを書いています。広島原爆死者総数は、9万人ですから3万人が朝鮮人とは過大も度を越しています。もっとも、原爆を落としたのはアメリカであり、虐殺者はアメリカとなるのですが。

いずれにしても、朝鮮人50万虐殺説など、戦争プロパガンダとしても全く成り立ちえない悪質なフェイクというべきでしょう。

また満洲で、朝鮮人の共産ゲリラを掃討したことがありますが、ゲリラの掃討は虐殺ではありません。

沖縄：15万人

沖縄戦における戦死者は9万4千人、民間人の死者は約10万人とされています。どうして15万の虐殺なのか首をひねりたくなります。

例によって、ひねくれたというか日本軍の悪を執拗に主張する人がいて、沖縄の民間人に集団自殺を日本軍は命令していたというのです。

米軍に追い詰められた住民が集団自殺を図った痛ましいケースが10カ所ほどあったようですが、あくまでも住民の意志によるもので、軍にそうしたことを強制する権限もありませんし、そんなことはしませんでした。渡嘉敷村のケースについては、渡嘉敷島の陸軍海上挺進戦隊第三戦隊第三中隊長、皆本義博中尉（陸士57期）は次のように述べています。

「戦後、沖縄の集団自決は軍の命令によるものだという説が出ましたが、そんなことはありえません。むしろ渡嘉敷の方々は、命をかけて父祖の土地を守ろうと会津白虎隊のような精神で殉ぜられたのではないかと考えます。そのような気質の方ばかりでした。また、そもそも軍には村民に命令を下す権限はなく、集団自決を命じたなどという証拠は何もない。軍が手榴弾を渡したということもありません。当時、村では臨時の防衛隊が組織されていて、これは在郷軍人を長として協力者を集めたものでした。いわば義勇兵です。彼らは手榴弾などを持っていました。それが、村民の手に渡るのは容易だったのです」

これが実際に現地でこの事件に遭遇した人の証言として実情に近いものと思われますが、反軍の左翼系の人たちは執拗に軍命令説を主張します。大江健三郎は『沖縄ノート』（岩波書店）に軍命令説を書いていますが、曽野綾子が現地調査などでその矛盾、根拠のなさを指摘しました。（『ある神話の背景』ＰＨＰ研究所）。大江は現地には一度も行ったことがないことも分かりました。

それにしても、集団自決をすべて合わせても１０００人にはなりませんので、この15万虐殺は一体何を考えているのだ、と怒りたくなります。

インド：18万人

なぜか、インドがベンガル大飢饉に続いて2度出てきます。日本軍は、インド国民軍（チャンドラ・ボース麾下《きか》）とともに、インパールを目指し、そのすぐ近くのコヒマ占領までは達成しましたが、補給が続かず撤退しました。悲劇的な大損害を被った撤退でした。では、このコヒマまでの進軍で日本軍が現地のインド人民間人18万人を殺害したとでもいうのでしょうか。

もしそれが本当なら、戦後インパール戦の跡を偲んで遺骨収集と慰霊の旅がたびたび行われましたが、いずれの場合も現地人からは大変親切な支援を受けているのはどうしてでしょうか。それは日本軍は民間人殺害など全く行わなかったからにほかなりません。

戦後インド国民軍（ＩＮＡ）将校が反乱罪で裁かれそうになった時、インド民衆が立ち上がりました。イギリス当局はこれに対処する手立てがなく、裁判を中止し、インド独立を認めざるを得なくなったのでした。この裁判の証人として喚問されていた、ＩＮＡ結成の首謀者であった藤原岩市《いわいち》中佐は、ＩＮＡ裁判の弁護団長のプラバイ・デサイ博士（国民会議派の大立者）が日本側証人一同に「この度の戦争のおかげで、インドの独立は30年早く実現します」と言明したと述べています。ネール氏も終戦直後、シンガポールの同胞を見舞い、その集会演説で同様に述べています。（『インド独立の志士と日本人』原嘉陽編著、展転社）

こうした事実に真っ向からそむく、インド人18万人殺害を唱えるこの本はまともな神経を持つ人の書とは思えません。

第4章　いわゆる南京虐殺の虚構

「1937年7月から1938年3月にかけて日本軍は上海から南京にかけて、言語に絶する暴力の波を放った。その犯罪規模は計り知れず、最低でも30万人の中国人市民が残虐に殺され、8万人以上の女性がレイプの対象となった。これらの蛮行は、後に中支那派遣軍と改称された約20万の兵士からなる上海派遣軍によって実行された。この地域での作戦は5～6か月続き、その間、毎月平均5万人の罪のない命が奪われた。この恐怖の支配は、南京の略奪で頂点に達した。上海から南京、そしてその周辺に至るまで、日本はこの作戦で中国全土の4000平方マイル、コネチカット州の面積を蹂躙したのである」（『Japan's Holocaust』第5章 p.67）

これが第5章「南京の暴行」の冒頭に書かれた南京事件導入部です。何か巨大な暴力集団が中国に侵入し、暴虐の限りを行ったかのような記述ですが、余りにも歴史的な事実を歪曲した虚説というよりフェイクです。少し歴史的な経緯を振り返ってみましょう。

上海戦の真実

まず、上海での戦いは、日本軍が始めたものではないという厳然たる事実から指摘しなければなりません。

1937年8月13日、上海の非武装地帯に潜入していた中国正規軍3万が日本人居留民およそ3万を守っていた日本軍の海軍陸戦隊4500人に対して全面攻撃をかけてきました。14日には航空機も動員した総攻撃です。これではとても日本人居留民の安全を守れませんので、内地2個師団（4万）の派遣を決めます。これが「上海事変」と呼ばれる日本と中国の本格的な戦争の始まりです。8月15日には、中国は国家総動員令を発令して、大本営を設置しました。

この上海事変の勃発について、8月31日付ニューヨーク・タイムズは次のように報じています。

「上海における軍事衝突を回避する試みによりここで開催された様々の会議に参加した多くの外国政府の代表や外国の正式なオブザーバーたちは皆、以下の点に同意するだろう。日本は敵の挑発の下で最大限の忍耐を示した。日本軍は居留民の生命財産を多少危険にさらしても、増援部隊を上陸後数日の間、兵営の中から一歩も外に出さなかったのである」

8月13日以前に上海で開催された会議に参加したある外国使節はこうみている。

「7月初めに北京近郊で始まった紛争の責任が誰にあるのか、ということに関しては意見が分かれるかもしれない。しかし、上海の戦闘状態に関する限り、証拠が示している事実は一つしかない。日本軍は上海では戦闘の繰り返しを望んでおらず、我慢と忍耐力を示し、事態の悪化を防ぐために出来る限りのことをした。だが日本軍は中国軍によって文字通り衝突へと無理やり追い込まれてしまったのである。中国軍は外国人の居住している地域と外国の権益を、この衝突の中に巻き込もうとする意図が有るかのように思えた」(HALLETT

ABEND 上海特派員）

ニューヨーク・タイムズなど欧米の新聞はどちらかというと中国に同情的で日本に批判的な論調の報道をしていましたが、上海事変についてはこのようにハッキリと中国側の攻撃によって起こったことを伝えています。

こうして起こった上海事変ですが、中国軍はドイツ軍事顧問団の指導と訓練、そして上海の低地地帯にはドイツ軍事顧問団指導で構築された数千に及ぶトーチカ群（ゼークト・ライン）による防備がなされていまして、日本軍は大苦戦を強いられました。追加兵力を３個師団送りましたが、中国側は70万近い兵力を投入してきまして、最早、居留民の安全を守るという戦争目的を超えた、敵の主力の撃滅を目指す戦いへと転換していました。もともと中国征服を目指した戦いなど全く考えていなかった日本ですが、このような大きな戦いになると敵戦力の主力を撃滅しないことには、終戦の目途が立たなくなったからです。

中国軍は漢奸《かんかん》狩りと称する親日の疑いのあるものを銃殺あるいは公開処刑をするなどして、その数は４０００人にも達したと言われています。中国軍には督戦隊《とくせん》という戦場から退却する兵を防ぐためそれを銃撃する部隊がもうけられ、自国民兵士の殺害を組織的に行っていたわけです。

10月27日、要衝の大場鎮《だいじょうちん》を陥落させ、さらに11月5日には敵の退路を断つ第十軍の杭州湾上陸を日本軍が成功させると、中国軍は南京に向かって一斉に退却していきます。上海から南京に向かって主要拠点に城郭防御が施されていましたが、日本軍はたちまちそれを突破して進んでいきます。中国軍は「堅壁《けんぺき》清野《せいや》」作戦と呼ばれる焦土作戦を用い、日本軍に役に立ちそうな建物、施設などを焼き払いながら退却していきました。

そのことは、12月7日、南京発でニューヨーク・タイムズのティルマン・ダーディン記者が特電で伝えています。

「湯山と南京のあいだ、公路沿いに大体1マイルおきに堡塁《ほうるい》が設けられている。首都に近づくと、中国兵によって放たれた火が激しく燃え盛っていた。敵軍が遮蔽物に使い得る農村の建物を清除《せいじょ》しているのである。ある谷では、一村が丸々焼けていた」

南京の東の鎮江はかつて人口20万を数えた江蘇省の旧首都でした。しかし、日本軍が迫るや、鎮江は中国軍の放火により、炎に包まれました。12月8日付ニューヨーク・タイムズは鎮江が「廃墟」になったと記します。ダーディンの特電は次のように伝えました。

「防衛地帯内の障害物が中国軍によって焼かれ続けた。昨夕焼かれたものの一つに中山陵園地区内の中国高官の住宅があった。

南京の周りは立ちのぼる黒煙に包まれた。半径16キロ以内の建物や障害物もまた昨日、中国軍に焼かれ続けたからだ。

車で前線に行くと、中山門外、中山陵東南の谷全体が燃えているのを、本紙特派員は見た。中山陵沿いの幹線道路を走って孝陵衛《こうりょうえい》に行くと、そこの村は焼け落ちて、くすぶる廃墟であった。この数日間に避難しなかったそこの住民たちが、哀れにも僅かばかりのものを持って、ぞろぞろ南京へと歩いていた。そして時々立ち止まっては、かつての我が家を今一度見るために悲しそうに振り返っていた」

日本の新聞も似たような状況を書いています。東京朝日新聞の12月8日付では次のように伝えています。

「南京城外数百の村落は敗退する支那軍の放火によって悉《ことごと》く焼き払われ、黒煙濛々として空を蔽《おお》うている。焼き払われた各村落の住民は着のみ着のままで市内の避難区に陸続《りくぞく》と遁入《とんにゅう》、城内の危険区住民も亦《また》雪崩を打って避難区に逃げ込み混雑を極めている。市内では早くも暴徒が民家の略奪破壊を始めた。官憲は暴徒に対しては厳罰を加え、すでに6名を銃殺に付したが、ほとんど手の付けようのない有様である」

ところが、冒頭の記述に続いて次のようなことがリッグのこの本には書かれています。

「国民党軍が南京に向かって撤退していくにつれ、かれらの後に続く地平線は燃え盛る村や町から天に向かって立ち上がる火の粉が点在していた。こうした悲惨な光景は、襲い来る日本軍の容赦ない進撃を物語っていた」（『Japan's Holocaust』第5章 p.67-68）

と、まるで日本軍が火を放ったかのような全く転倒した大ウソが書かれています。ニューヨーク・タイムズが当時伝えていた記事などと全く反対の、とんでもない記述です。日本軍による焼き払いとするこの本の描写は、フェイクであり、虚偽です。無知なリッグは蒋介石の多用する「堅壁清野」作戦を知らないのでしょう。

また退却するときの中国軍のお決まりの略奪によって、多くの中国住民が被害を受けたのでした。冒頭の描写ではそれがすべて日本軍によってなされたかのように描かれていますが、これは全くの虚構です。8月29日の読売新聞の夕刊1面では、中国政府は「徴発」に反抗するものを漢奸として処刑の対象としていると報道されており、11月14日の東京朝日新聞の夕刊では、あるフランスの将校が中国の住民も略奪されるばかりではなく、数が勝る住民側が掠奪する中国兵を殺害するという光景を何回も見たと報道しています。11月10日の東京朝日新聞の夕刊では、中国側の敗残兵により上海フランス租界の重要機関が放火され、避難民に紛れた敗残兵と便衣《べんい》兵に対処するためフランス租界の警官が銃撃戦を行うという事件が起きたと報道されました。

それどころでない実態を資料に基づき明らかにした本があります。『南京「大虐殺」被害者証言の検証』（川野元雄、展転社）です。『南京への道』（本田勝一、朝日新聞）に掲載された被害住民による全29件の証言の中で、日本軍による住民虐殺を矛盾なく裏付けるものは一つもなかったことを実証したのです。もし襲われたとするとそれは中国軍によるものになってしまうケースがあります。何しろ襲われたというときに、日本軍はまだそこからかなり離れたところを進んでおり、そこにいたのは敗走してきた中国軍だったからです。リッグの書には「撤退する中国軍は西に後退するに際して、残していった自国民を守るために何もできなかった」と書いてありますが、正しくは、「撤退するに際して、弱い自国民から奪うこと以外に何もしなかった」と書くべきでしょう。

南京事件の真相

12月9日、南京城外の複郭陣地群を突破した日本軍は、松井司令官の南京防衛軍司令官宛て降伏勧告文を飛行機から投下しました。

「日軍百万すでに江南を席巻せり。南京城は将《まさ》に包囲の中に在り。（略）日軍は抵抗者に対しては極めて峻烈にして寛恕《かんじょ》せざるも、無辜《むこ》の民衆及び敵意なき中国軍隊に対しては寛大を以てし之を犯さず、東亜文化に至りては之を保護するの熱意あり。而《しか》して貴軍抗戦を継続せんとするならば、南京は必ずや戦禍を免れ難し。而して千載の文化を灰燼《かいじん》に帰し、一〇年の経営は全く泡沫とならん。仍《よっ》て本司令官は日本軍を代表し貴軍に勧告す。即ち南京城を平和裡に解放し、而して左記の処置に出でよ」

「左記の処置」として、10日正午までに、回答を中山路、句容道上の歩哨線まで持参することが要請されました。しかし、10日正午までという期限になっても回答は来ませんでしたので、日本軍は砲撃を開始しました。

南京は高さ10メートル以上、厚さが5～10メートルの34キロに及ぶ城壁に取り巻かれ、19の城門がありました。面積はちょうど、山手線の内側の半分ぐらいの広さでした。突破口を開くべく日本軍は攻撃しますが、12日には早くも突破口を開くことに成功し、13日には城内に入りました。12日の夜、唐生智司令官は撤退を命令しましたが、命令が徹底せず、逃げ遅れた兵もおり、居住民の安全のために国際委員会によって設置された「安全区」に軍服を脱いで逃げ込んだ兵が1万近くいました。

13日早朝、南京城の敵軍が退却したことが判明しました。各師団は予め示された攻略要領に基づき、各1個連隊を入城させ、城内掃討を行いました。南京城内で死闘があったと思っている方もおられるかと思いますが、実際はまるで違います。

例えば、国際委員会の書記長を担当していたルイス・スマイス南京大学教授は、12月20日付、家族への手紙で、「12月14日、火曜日の朝、我々は目覚めて戦いは終わったと感じている」と書いています。「Eyewitnesses to Massacre」（虐殺の目撃者）〔M.E. Sharpe〕。銃声など聞こえない朝を迎えていることを家族への手紙で書いているのです。

また、南京市内に残された20万の市民は「安全区」に全員集合し、1月1日には住民による自治委員会が成立しました。

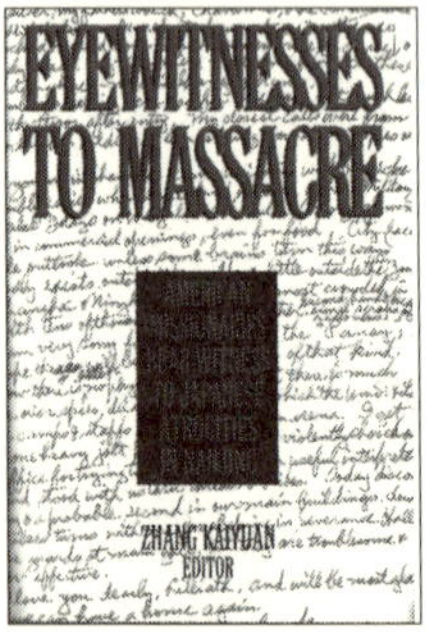

ところが、12月18日付のニューヨーク・タイムズは次のような記事（ダーディン記者）を報じたのです。

「南京における大規模な虐殺と蛮行により……殺人が頻発し、大規模な略奪、婦女暴行、非戦闘員の殺害……南京は恐怖の街と化した。……恐れや興奮から走るものは誰でも即座に殺されたようだ。多くの殺人が外国人たちに目撃された」

自治委員会に参列した委員たち
『支那事変画報』昭和12年1月21日号

これと似たような記事が12月15日号のシカゴ・デイリーニュースにスティール記者の記事としても掲載されています。

ダーディンもスティールも他社の記者とともに戦場になった危険な南京を去ろうと15日出航の『オアフ号』で上海に向かったのでした。13日、14日は一応南京にいたはずですが、誰かのフェイク情報に引っかかった、ひどい誤報でした。そのフェイク情報源は、今では完全に明らかになっています。国際委員会委員のベイツ南京大学教授です。12月15日に南京を離れようとしていた記者向けに、声明文を作っていたのでした。そのために、ニューヨーク・タイムズのダーディン記者の記事と、シカゴ・デイリーニュース記者の記事がほとんど同じ内容になっているのです。

ダーディンの記事は先に引用した南京大学教授で国際委員会書記長のスマイスの家族への手紙とあまりにも背反しているのは、自分で見た内容ではなく、ベイツのメモに基づいて書かれたものだからです。

スマイスは、『Eyewitnesses to Massacre』（虐殺の目撃者）に掲載された家族への手紙の12月13日については次のように述べています。

「(12月13日、月曜朝) 宿舎に帰る途中、午後1時に日本兵が漢中路に到達しているのを見つけた。我々は車でそこへ行き約6名の小さな分遣隊に会った。それが最初だったが最後ではなかったのだ。上海路と漢中路の交差する角で、彼らはバスを調べたが、人を傷つけることはなかった。……確かに約百人の先遣隊が道路に腰を下ろしており、その反対側ではたくさんの支那人の群衆が彼らを眺めていた。私たちは将校に対して安全区を説明し、彼の南京の地図にそれを書き入れた。（彼の地図には安全区は示されていなかった）彼は日本兵を攻撃するものがない限り病院は大丈夫だと言った」

ということで、入城してきた日本軍は極めて秩序だっており、住民に危害を加えてなど全くいません。そして前に引用しました、翌日の「14日朝、我々は目覚めて戦いは終わったと感じている」という記述となるのです。どこに、ニューヨーク・タイムズが書いているような「南京における大規模な虐殺と蛮行により……殺人が頻発し、大規模な略奪、婦女暴行、非戦闘員の殺害……南京は恐怖の街と化した」の陰があるというのでしょうか。全くの出鱈目《でたらめ》、虚偽報道ではありませんか。

もう一つその証拠をお見せします。安全区国際委員会の委員で金陵女子大学教授のミニー・ヴォートリンは日記『南京事件の日々』（笠原十九司他訳、大月書店）で次のように記しています。

「12月14日午後4時30分、国際委員会のミルズの車に同乗して教会信者の家の安否を確かめるために南京南部の水西門まで出かけましたが、全く異常がなく、帰路ヒルクレスト学校付近で死体を一つ見ただけでした。すさまじい砲撃があった割に死者は少なかった」

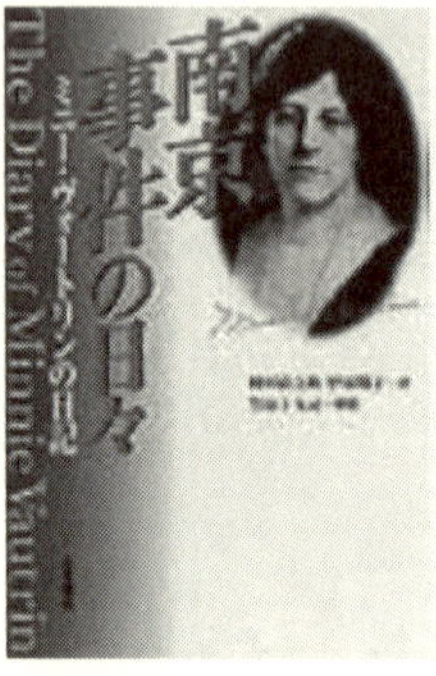

彼女は車で更に南京市内を見て回ったのですが、日本軍の暴行は全く見ていませんでした。つまり戦闘はおろか、暴虐行為なるものを全く見ていなかったのです。前記のスマイスの記述と合わせて、当時現場にいた人間の証言として極めて貴重なものです。しかも、両者ともどちらかと言えば日本批判者の証言です。

さて、城内では大きな戦闘はなく、一般住民殺害などなかったことを証明するもう一つの資料をご紹介しましょう。それは、「埋葬記録」です。

中国軍は南京で自軍兵士の死体を処分せずに、遺棄したままで撤退していきました。安全区に逃げ込んでいた兵士を摘発するために、日本軍は「平民分離」作業を実施し、隠れ兵士でないことが証明された人には「良民証」を発行しました。こうして、潜伏兵士の摘発が一段落してから取り掛かったのが中国兵の遺棄死体の埋葬作業でした。日本軍はこれを1月1日に成立した南京自治委員会（委員長：陶錫山）に行わせます。埋葬1体につき30銭を支払いました。実際の作業は「紅卍字会《こうまんじ》」という慈善団体に請け負わせました。紅卍字会は埋葬日報を作成し、支払いを受けます。日報には日時、場所、人数、男女、子供などが記されています。これをまとめた埋葬記録は東京裁判にも検察側の資料として提出されています。

総数で4万1330体です。これはかなり水増しした数字であることは特務機関は把握していましたが、自治委員会への資金援助にもなるので、黙認していたと言います。実際にはこの半分以下だったようです。それはともかく、このうち城内の死体は1703体と全体の4・3％にすぎないのです。もし城内で大きな戦いが行われたり、また市民虐殺が行われたりしたとしたら、こんな数字になるでしょうか。しかも、死体は女性8体、子供26体です。これはどう見ても日本軍入城前の城外からの砲撃戦の巻き添えになった人の死体数であるとしか考えられません。

『南京安全地帯の記録』

第1章で南京安全地帯国際委員会のことを簡単に紹介しました。この委員会は南京に残った外国人15名によって組織され、委員長はドイツのシーメンスの支社長のラーベでしたが、実務はアメリカのプロテスタント宣教師によって仕切られていました。これを企画・発起させたのはそのリーダーのミルズ宣教師でした。市民の保護という建前で、市民からの苦情を受け付けたり、日本軍に要求を突き付けたりしていましたが、そうした活動記録をまとめたものが国民党の外郭団体の監修で出版されました。『Documents of the Nanking Safety Zone』上海のKelly & Walsh社からです。その日本語訳が『「南京安全地帯の記録」完訳と研究』（冨澤繁信、展転社）です。

ここには、殺人：26件、強姦：175件、略奪：

131件、放火：75件　などが列記されています。

殺人が26件もあるではないか、と思われるかもしれませんが、ところがよく見ていきますと、殺人のうち目撃者が書かれているのは、1件だけです。さらにこれには注がついています。「日本軍が行う合法的な処刑については、我々に抗議する権利などない」つまり合法的な処刑であって、非合法な虐殺ではないとわざわざ断っているのです。ほかのケースはほとんど伝聞か、署名者なしのものです。つまり、大騒ぎをして、26件もあると言っている殺人が実は1件も立証されているものではないということです。

つぎに、強姦を見ていきましょう。175件もある！　と言いたいところですが、リッグの本では前述しましたように上海から南京までの間に、8万人以上がレイプの対象になったと書いているのと比べると、何か別世界の話のような気がしてきませんか？　8万人をレイプなどしている軍が強いことはありえないということをリッグは軍の経験があ

り、また軍の学校で教えているにしては余りにもお粗末で幼稚なことを言っているということです。

　そうです、現実とは全く関係のない、何でもありの妄想の世界を遊泳しているのです。虐殺をしまくったり、レイプをしまくったり、そんな日本軍を想定するリッグは、まさしく「反日レイシズム」の凝り固まった頭で、こんなバカげたことを恥ずかしげもなく書きまくっているということです。規律のない軍隊は極めて弱い軍隊であるぐらいの常識すら持っていないのがレイシスト・リッグであるということです。

　少しでも常識があれば、『Documents of the Nanking Safety Zone』を作った反日の立場の人間でも、175件が精いっぱいのところでしょう。8万とは恐れ入りましたです。しかもこの175件も極めて怪しい数字です。というのは、このうち130件が昼のことになっていますが、真昼間に南京の市内で強姦などしていて、見つかれば極刑は免れないでしょう。日本軍の軍律は厳しかったのです。またその他は夜ということですが、宿営地を無断で離れることは重大な軍規違反となります。しかも年末になるまで電気が完全に復旧していなかったので、真っ暗闇の勝手知らない南京の街に出かけていくなど危険が大きすぎます。175件すらかなり捏造が加わっていると考えるのが常識的です。

もう一つ付け加えておきますと、戦後アメリカ占領軍が日本に上陸しましたが、1945年8月30日から9月10日までの12日間に、アメリカ軍兵士が神奈川県内のみで犯した強姦事件は1326件でした。この数字は日本の警察の調べで、日本政府から占領軍司令部に報告されており、公的な数字です。きわめて確実な数字です。もし、175件の強姦という数字が正しいと仮定しても、アメリカ軍の似た状況での数字からすると10分の1です。完全に平和が確立した日本で、しかも神奈川県だけですから、1万程度の兵士でアメリカ軍はこんな数の強姦を行っていたのだ、という「事実」に基づいて物は考えていかなければならないでしょう。

放火に至っては、完全にウソ情報です。なぜかと言えば、治安の確立を急がなければならない日本軍にとって、失火は最も警戒しなければならないことで、日本兵が放火などしたら、これは利敵行為であり、極刑は絶対免れません。時々あった火事は、潜伏していた中国兵の仕業であることは明らかです。それを日本兵のせいにしているのが、『安全地帯の記録』ですから、その偏りが察せられようというものです。

『南京安全地帯の記録』は、他にも重要なことを伝えてくれます。それは、南京の人口です。「まえがき」にも書きましたが、日本軍が南京に入城したときの南京の人口は20万人でした。これは王固磐警察長官が11月28日に発表した談話に基づくもので、国際委員会もこれを前提として活動していました。そして、『南京安全地帯の記録』には、12月17日、18日、21日、27日に人口20万と記述され、1月14日にはこれが25万となりそれ以降はずっと25万が続き、そしてさらに増えていきます。肝心なことは、細かく調べたかどうかではなく、人口は減少していないということが国際委員会の人たちの共通認識となっていたということをこの記録は示していることです。

なぜ1月14日には25万に増えたかと言いますと、12月24日から年末にかけて行った平民分離のための調査の結果、想定していたよりも人口が多いことが分かったためです。いずれにしても、虐殺などはなかったのですから人口は変わらないという国際委員会の想定は当然のことだったのです。それを証明してくれているのが、この『南京安全地帯の記録』なのです。

南京で20万人の命が救われたという珍説

南京の安全区でほとんど人口が減らなかった、という事実に対してリッグは奇想天外の解釈をするのです。

「南京での殺戮と強姦の規模は、『南京安全区国際委員会』の委員長であったジョン・ラーベというナチ党員を中心とする外国人のコミュニティの努力がなければ、もっと広まっていただろう。アメリカ人のマイナー・ベイツ教授、チャールズ・リッグス牧師、ジョン・マギー牧師、ミニー・ヴォートリン教授らとともに、彼らはラーベが民間人を保護するための管区を設置するのを手伝った。彼らの外交手腕と国際的な圧力によって、日本軍を抑えることに成功し、その結果約20万人の命が救われた。しかし、安全地帯の外では、ほとんどの中国人がひどい目にあった」（『Japan's Holocaust』第5章 p.88）

安全区に逃げ込んだ20万の南京市民はラーベを委員長とする「国際委員会」の外交手段と国際圧力によって救われたというのです。そして安全区の外では、ほとんどの中国市民がひどい目にあったというのですから、無知もいいところです。

12月8日、唐生智は住民全員に安全地帯への避難命令を出し、許可なく市街をうろつくものは射殺すると厳しく統制していました。従って、特別の事情のあるごくわずかの例外は別にして安全区外に中国市民はいなかったのです。いない人間がひどい目に遭うなどありえないことです。

外交手段と国際圧力によってと言いますが、南京からはアメリカ大使館員も含め、すべての国の大使館員は退去していて、1月になるまで戻ってきていません。日本軍にそんな圧力を加える存在はありませんでした。というより、もし一般的に国際的圧力といえば、欧米系の新聞、欧米諸国政府は概して日本に敵対的でしたから、何も南京に限って、20万市民全員が救われるなどということは全く空想以外の何物でもありません。そんな圧力が効くのでしたら、上海での戦いでも、北京でもどこでも日本軍は虐殺・強姦などできなかったということになるでしょう。また国際委員会自体は十数名の非武装員ですから、安全区への侵入を防ぎ虐殺を防止する力など持ってはいませんでした。

もっとも上海については、事情がちょっと違いました。上海では、上海南部の支那人町「南市」に戦闘が及んだ時、支那人を収容する安全地帯をフランス人のジャキーノ神父が設立しました。この安全地帯はフランス租界と接近していてフランス軍も含めて、フランス租界当局が日本軍に好意的協力を惜しまなかったので、日本軍は国際委員会が中立性を維持する実力ありと認め、認定しました。実際に南市に戦闘が及んだ時、この地帯に逃げ込んだ中国兵は国際委員会の手で武装解除されました。ところが、南京では、この中立性を維持できる実力を持つ存在がいませんでしたので、日本軍としては、安全地帯に中国軍の軍事施設がない限り、安全地帯の安全を尊重することに止め、上海と異なり、正式には認定しなかったのでした。

さて、南京の住民のすべて（20万）の生命が救われたということは、南京虐殺など全くなかったと言っていることと同じです。そんなことに自覚もなく、国際委員会のおかげで20万の命が救われた、などという珍説を書くこの本はまさしく「荒唐無稽本」であるということです。しかし、20万虐殺がなかったと明確に言っているところ「だけ」は、評価してあげましょう。

なお、参考のために言っておきますが、1997年に「南京大虐殺60年記念シンポジウム」が東京で開かれました。虐殺派の代表格である笠原十九司が南京郊外の犠牲者を足すと30万ぐらいになると言ったところ、中国側代表格の孫宅巍が「30万は南京城内だけの数字である。地域や時期を勝手に広げてもらっては困る」とそれを強く否定したのでした。20万が救われたなどと言ったら、「バカ言うな！」とどなりつけられたでしょう。

国際委員会は中国軍の支援をしていた

人道的な動機に基づき、アメリカ人宣教師を中心とする安全区国際委員会は活動していたように思っている人が大部分ですが、実はそれは事実でないことを明らかにしたのが、池田悠著『一次史料が明かす南京事件の真実―アメリカ宣教師史観の呪縛を解く』(展転社)です。

安全区国際委員会は、委員長はドイツ人のラーベですが、安全区の発案者はミルズ宣教師であり、実質的な運営は13人の宣教師によって仕切られていました。その発案者のミルズが、安全区設立のための初会合の前日に宣教師仲間の会合で、次のように言っているこ とがヴォートリン日記『南京事件の日々』に記録されているのです。

「機密事項：私たちの会合で、ミルズ氏は強い願望を表明した。すべての教育を受けた人々を欧米に行かせる代わりに、宣教師の一団が降りて中国軍を助けて安心を与えるように試み、混乱と略奪の中、小集団であってもそれが中国にとっていかなる意味を持つかを彼らに知らしめる方がずっと良いと。（１９３７年11月18日）」

安全区発案者のミルズ宣教師の本当の意図は、布教のために「中国軍を支援したい」ということだったのです。しかし、大事なことは、これはミルズ個人の意見ということではないということでした。

１９３７年５月６日（盧溝橋事件が起こる2か月前）、上海で開催された全国基督教連盟（National Christian Council）の総会において、蒋介石夫人宋美齢《そうびれい》の呼びかけに応える形で、蒋介石が推進している「新生活運動」にキリスト教徒（プロテスタント）は、個人・団体を問わず、全面協力するという決議を行ったのです。「新生活運動」は生活の三化「軍事化、生産化、芸術化（合理化）」を掲げていました。蒋介石は１９３３年10月2日の演説で述べています。

「軍事化とはすなわち軍隊の組織・軍隊の規律・軍隊の行動及び生活を以て、政治・経済・教育に普及せしめ、社会全体がそれによって一つの戦闘隊になり、最終的に大衆すなわち軍隊、軍隊すなわち大衆、生活すなわち戦闘、戦闘すなわち生活という目的に達する」

つまり、「新生活運動」に全面協力するということはこうした軍事化に全面協力することを意味しているのです。これが中国におけるアメリカプロテスタントの実態だったのです。

「新生活運動」の実行責任者は蒋介石の腹心の黄仁霖大佐（総幹事）でした。ミルズ宣教師は「長年、軍官道徳励振会の責任者で、今や戦地服務団の責任者に任命された黄仁霖大佐を呼び出し、中国軍を支援保護したいというプランを彼に伝えた」ということがヴォートリン日記の11月18日には記されているのです。

すなわち、ミルズの中国軍支援は全国基督教連盟の方針を基にして計画され、しかも蔣介石の腹心である黄仁霖大佐に伝えられたものだったということです。ミルズと黄仁霖はグルだったということです。

安全区に潜伏した敗残兵を「戦争捕虜」としてかばおうとしたり、それが国際法上認められないと知ると、今度は「今はこの地帯に武装解除された中国兵のグループは全くいないと確実に保証することができます」（『安全地帯の記録』12月18日付、日本大使館宛て文書）と嘘を言ったりしています。実際はアメリカ宣教師管轄下の難民キャンプに中国兵士が潜伏しており、しかも武器も隠し持っていたのです。

ニューヨーク・タイムズ（1938年1月4日）には次のような記事が出ています。

「南京の金陵女子文理学院に、難民救済委員会の外国人メンバーとして残留しているアメリカ人教授たちは、かれらが逃亡中の大佐一名とその部下の将校6名をかくまっていたことを発見し、ひどく気まずい思いをした。その将校たちは、中国軍が南京から退却する際に軍服を脱ぎ捨て、大学の建物の一つに住んでいることを発見された。彼らが大学の建物中に、ライフル6丁、拳銃5丁、砲台から外した機関銃1丁そして爆薬を隠していたことを日本軍の捜索隊が発見した後、彼らは中国兵であることを告白した」

こうした、国際委員会の中国兵支援が行われたおかげで20万市民の命が助かったのではなく、日本軍はそもそも虐殺などする軍隊ではなかったから20万市民の命は無事だったのです。

日本軍は、1938年2月4日には半強制的に難民に帰宅させました。安全区は実質的に解散しました。すると、殺人、強姦などが増えたのかというと、そういう記録はほとんどなくなりました。国際委員会が事件を作っていた、ということになりそうです。

なお、虐殺の証拠としてよく取り上げられる「写真」については、次章第5章でまとめて取り上げることに致しましょう。

第5章　写真の虚実

世界を騙した『LIFE』誌の赤ん坊の写真

この写真はアメリカの写真週刊誌『ライフ』の1937年10月4日号に掲載されたもので、同年8月28日、日本軍の爆撃機で破壊された上海南駅で一人取り残されて泣き叫んでいる中国人の赤ん坊の写真とされているものです。

撮影者はH・S・ウオンという中国系のアメリカ人でよく知られた写真家でした。上海南駅は、当時、中国軍の軍事物資の集散地でした。8月28日午後、日本軍の海軍機が上海南駅を爆撃し、軍事物資を破壊しました。ウオンは最初にこの恐ろしい光景を目撃した人物だということになっています。

破壊された駅の線路の上に、ひとり取り残された、いたいけない赤ん坊の姿は、だれが見てもショッキングです。この赤ん坊に象徴される、かわいそうな中国、中国人を、このように虐待している邪悪な日本というイメージがアメリカの中で急速に広まっていく役割を果たしたのがこの写真でした。

『ライフ』誌によれば、この写真は、ハースト系の新聞2500万部、非ハースト系の新聞175万部に掲載されたと言います。さらにこの写真を転載した全米800の新聞とニュース映画でこれを見た人たちを合わせると、この赤ん坊のシーンに接した人の数は1億3600万人に上ると言います。

しかし、この写真はよく見ると極めて不自然な写真です。大体歩けないような赤ん坊が、どうしてこんな線路のところに座っているのでしょうか？　その理由は次の二つ写真を見るとすぐにわかります。

大人が、わざわざ赤ん坊をこのレールの所に運んできていたのです。これらの写真はアメリカがつくった中国支援の宣伝映画『ザ・バトル・オブ・チャイナ』に出てくるものです。要するにやらせ写真だったのです。

多くのアメリカ人がこの写真に見事に騙されて、「日本人＝残虐」のイメージを持つようになったのですが、そのアメリカ人には、フランクリン・ルーズベルト大統領も含まれていたようです。

　1938年に「日本の戦争犯罪に加担しないアメリカ委員会」という組織ができ、冊子『AMERICA'S SHARE IN JAPAN'S WAR GUILT』を作成し、政界、マスコミ有力者に大量に配布しました。この組織は後の国防長官となるヘンリー・スティムソンが名誉会長を務めるなど、有力者を取り込んでいまして、この冊子の影響力はすごいもので、翌年にはアメリカ政府に日米通商航海条約の廃棄を行わせます。アメリカの一方的な通商条約廃棄は「準宣戦布告」と言えるほどの重大事です。イギリスのマンチェスター・ガーディアン紙（1939年7月28日）は、「日米通商条約破棄の如きは米国史上未だその例を見ざることであるし、従ってその意味も重大かつ明白である」と書いてあるほどです。この冊子には、ルーズベルトも寄稿しています。

「宣戦布告もなく、いかなる種類の警告も弁明もなく、女性や子供を含めた民間人が空から降ってくる爆弾によって虐殺されている。……今日、国際的な無政府状態と不安定が生

じているのは、条約が侵犯され、人道的な本能が無視されているからである。そこからは、単なる孤立や中立によっては逃れることができない。平和を愛する諸国民は一致協力して、こういう状況に反対しなければならない」

「女性や子供をふくめた民間人が空から降ってくる爆弾によって虐殺されている」と言っているのは、どうやらこの写真を念頭に置いてのことのようです。実際には、操縦未熟な中国軍機が8月14日、パレスホテル、キャセイホテルなどを爆撃してしまい、１７４１人が死亡し、その中にはエドウィン・ライシャワー駐日大使の兄、ロバート・ライシャワーもいました。日本軍は、そんな見境のない無差別爆撃などしてはいませんでした。

南京虐殺を証明しない「ニセ写真」

南京事件というと「虐殺写真」に溢れています。いろいろな本に出ていて、本書にも掲載されているお決まりの虐殺写真は次のものです。

これらが、捏造されたニセ写真であることは、『南京事件「証拠写真」を検証する』（東中野修道・小林進・福永慎次郎、草思社）で完璧に立証されています。

様々な媒体に掲載された南京虐殺の写真と称するものからダブりを除くと143点になりますが、その来歴を調べるとともに、写真の不審点を分析し、唯の1枚も南京虐殺を証明する写真がないことを立証しています。

例えば、最初の写真（p.71）ですが、着ている制服から見るとこの兵士は陸軍の兵士ではなく、海軍陸戦隊の兵士（水兵）のようです。しかし、襟の白いところが日本の水兵の服は白線になっているのに対してこれは幅が大きく違っていると言います。せっかく日本水兵のふりをしたのですが失敗だったようです。

同じように服装についていえば、3番目の写真（p.80）では軍装、鉄兜、長靴の形状、ネッカチーフなど日本軍兵士にしては甚だ不可解です。襟が日本軍の詰襟ではありません。刀を持っていますが、左腰に刀の鞘がありません。かなりズサンなニセ写真です。

"Japan's Holocaust" p.79

"Japan's Holocaust" p.71

２番目のもの（p.79）ですが、たくさんの人が見ていますが、こんなたくさんの見物人の前で日本軍が処刑をし、その写真を撮らせるなどという馬鹿なことをするでしょうか。相当お人よしの日本軍だということになってしまいます。最後の写真（p.120）は、ここに登場する人物がほかの写真でも何回も出てきます。

そうです。これらは国民党中央宣伝部の「撮影課」が撮影所で撮影した捏造写真なのです。

さらに国民党はこれらのニセ写真を拡散するために、アメリカに「Trans Pacific News Service（トランス・パシフィック・ニュース・サービス）というニュース・リリース会社を作っていました。

“Japan’s Holocaust“ p.120

“Japan’s Holocaust” p.80

ニュース・リリース会社のアメリカの責任者は、何とハロルド・ティンパーリでした。ティンパーリはマンチェスター・ガーディアン紙の記者で、『戦争とは何か』（What War Means: The Japanese Terror in China）という本を編集してイギリスのヴィクター・ゴランツ社から出版しました。中立の立場のジャーナリストがまとめた本であるということで、南京虐殺が動かぬ事実であるというイメージを世界に広げた本です。

日本の虐殺派でもこれを根拠にしている学者がかなりいます。当時のロンドン・タイムズは『戦争とは何か』を高く評価し、「ここに提示された証拠が正真正銘かつ正確であることは明らかである」という書評を載せています。

しかし、ティンパーリは何のことはない、国民党の宣伝

国民党の国際宣伝組織

国民党中央宣伝部国際宣伝処　処長：**曾虚白**
香港（温源寧）　⬇　上海（董壽彭）
トランス・パシフィック・ニュース・サービス
ロンドン（夏晋麟）　アメリカ責任者：**H.ティンパーリ**
ニューヨーク（アール・リーフ）　シカゴ（ヘンリー・エバンス）　サンフランシスコ（マルコム・ロショルト）

工作員であったということです。国民党の宣伝工作員であることを最初に発見したのは鈴木明で『新「南京大虐殺」のまぼろし』（飛鳥新社）でその根拠を詳しく説明しました。しかし、ティンパーリが工作員で国民党のニュース・リリース会社のアメリカの責任者を務めていたことは、国民党中央宣伝部長の曾虚白の自叙伝で明らかとなったのでした。

国民党は戦闘での劣勢を宣伝戦で補う戦略をとっていました。その中で特に重視された政策が、「われわれは目下の国際宣伝で中国人自らが決して前面に出るべきではなく、われわれの抗戦の真相と政策を理解してくれる国際友人を探し出して、我々の代弁者になってもらうことを話し合った」と国際宣伝部長の曾虚白が述べています。外国人を使う宣伝です。（『曾虚

白自伝』曾虚白）

『THE LOWDOWN』というニューヨークで発行されていた雑誌があります。その1939年1月号にジョセフ・ヒルトン・スミスが次のように書いています。

「やがてプロパガンダのニュース・リリースにともない様々な残虐写真が新聞社のニュース・オフィスにあふれ出しました。これらのものの大部分は元上海の新聞記者がヘッドになっているトランス・パシフィック・ニュース・サービス社から拡散されたものでした。残虐写真は、20年以上前にベルギーで連合軍によってつくられたものと同じように、ほとんどしっかりしたチェックはなされませんでした。

最もひどい例の一つは、信頼性が高いとされているAssociated Press（AP通信）が関わったものでした。掲載された写真は騙されやすいアメリカ人の心に大きな印象を与えました。写真は日本兵が十字架に縛り付けられた中国兵に対して刀剣練習をしているものでした。もう一人の日本将校はこれをにやにやしながら見ているというものです。AP通信は写真は本物であると言い張りましたが、しかしながら、後にそれを撤回し、騙されたことを認めざるを得ませんでした」

日本人が写した写真は敗残兵のもの

リッグの本には、日本でも虐殺派の人たちが、市民虐殺の証拠としている次の写真が掲載されています。この写真の撮影者は、兵站自動車第17中隊2等兵の村瀬守保です。

“Japan's Holocaust” p.75

“ Japan's Holocaust” p.76

ここは南京北側の城外で、揚子江に面した下関《かかん》のちょっと上流の岸辺です。12月13日、城門が陥落したこの日、揚子江岸の下関では小銃や機銃を大事に携行していても正規兵の服装をしたものは一人も見当たらず、敗走する中国兵は軍服を脱いで対岸に逃亡しようとしていました。そこに進撃してきた日本軍に掃討された中国兵士が川岸に流れ着いたものです。当時の戦闘の詳細も分かっていますが、今回はそれは割愛します。

つまり、ニセ写真も、また本物写真も中国市民虐殺を証明するものは一つもないということです。

南京の真実を写した写真はある

南京には150名にも及ぶ新聞記者、カメラマンが日本軍の後を追って入り、精力的に取材をして日本本社にそれを送っていたのです。中でも朝日新聞は、50名もの記者、カメラマンを南京に送り込んでいました。入城から約1か月の間に、6回にわたって写真特集を組んでいます。

その第1回目が、「平和蘇る南京」《皇軍を迎えて歓喜沸く》と題する左記の写真特集です。17日、河村特派員撮影と、撮影者が明記されています。

平和甦る南京
皇軍を迎へて歡喜沸く

写真の説明は次の通りです。

①兵隊さんの買い物　占領5日目に早くも露天商が出て、兵隊が銃も持たないで買い物をしています。

②皇軍入城に安堵して畑を耕す農民たち。

③皇軍に保護される避難民の群れ。

④和やかな床屋さんの風景　南京街の名物、街頭床屋です。

次ページの写真は第3回目のもので、「南京は微笑む」《城内点描》と題するもので、12月25日の新聞に掲載されたものです。（林特派員撮影）

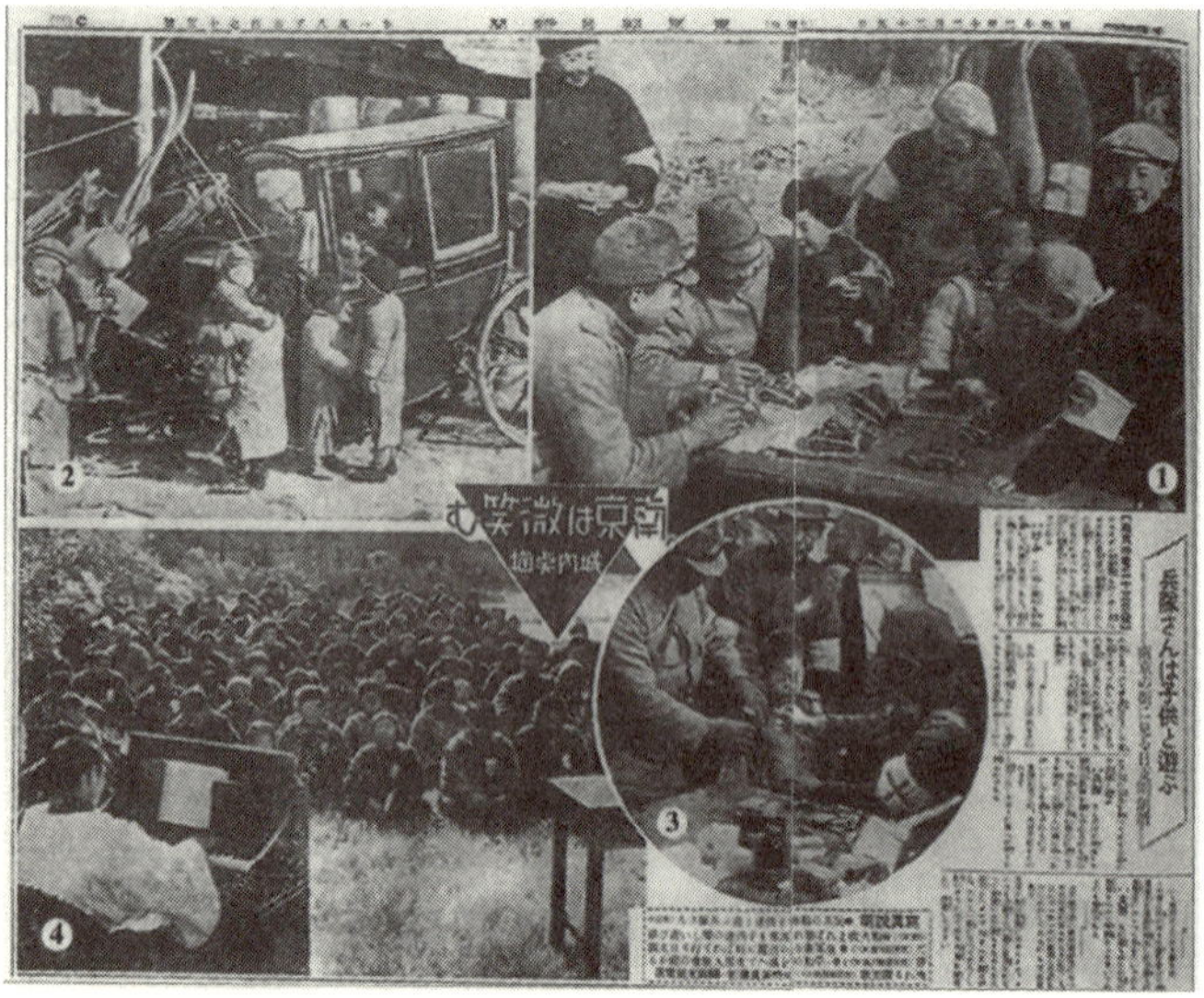
南京は微笑む
城内点描
兵隊さんは子供と遊ぶ
①
②
③
④

①玩具の戦車で子供たちと遊ぶ兵隊さん（南京中山路にて）
②戦火収まれば馬車も子供たちの楽しい遊び場だ（南京住宅街にて）
③皇軍衛生班の活躍に結ばれていく日支親善（難民避難民区にて）
④平和の光を湛えて支那人の教会の庭から漏れる讃美歌（南京寧海路にて）

この教会は、ジョン・マギー牧師の教会です。マギーは東京裁判で、検察側証人として2日間、日本軍の虐殺・暴行を何百件も告発しました。しかし、弁護側の反対尋問を受けると、マギーがその目で目撃した事件は殺害１件、強姦２件のみでした。しかもその殺害は、誰何《すいか》されて逃げ出した敗残兵であったというのです。しかも、殺害自体は目撃してはいませんでした。数知れない虐殺を並べ立てた宣教師マギーでしたが、実際にはほとんど見てはいなかったのでした。

写真に見る通り、ほとんど若い女性が集まって賛美歌を歌っています。平和そのものの風景です。どこに虐殺だらけの南京が想像できましょうか。

これが南京の真実の姿であったということです。まさに「写真」です。

第6章　中国人2000万人虐殺という大ウソ

「1937年7月、日本は中国との全面戦争を開始し、翌年にはアメリカの国土の半分に相当する地域を占領した。この紛争は日本軍と中国軍が衝突した7月7日の北京近郊での盧溝橋事件によって火が付いた」（『Japan's Holocaust』第4章 p.58）

全面戦争を仕掛けたのは日本ではなく中国である！

この記述は最初から完全に間違っています。1937年7月に日本は中国との全面戦争など起こしてはいません。

7月7日に盧溝橋事件が起こった時に日本の支那駐屯軍は、天津から北京にかけて

５６００の兵を駐屯させていましたが、これは北清事変の後に結ばれた北京議定書によって認められた「居留民保護」のための駐兵です。イギリス・アメリカ・フランスなども駐兵していました。完全に合法的なものでした。

更に付け加えますと、駐屯していた日本軍が中国人に危害を加えたりした事件はそれまでの1年間に1件もありませんでした。ところが、中国（軍）による日本人殺害などの事件は、１９３６年1年間に17件も起こっているのです。（次ページの表参照）

これに怒って日本軍が反撃したのかというと、そんなことはありえませんでした。なぜかと言えば、北支に駐屯する中国軍宋哲元麾下《きか》の29軍は約10万の兵力であり、また日本政府は蒋介石政府との友好関係構築に尽力していたからです。

7月7日、支那駐屯軍の歩兵第1連隊第3大隊第8中隊（１３５名）が盧溝橋北側の永定河左岸の河川敷で演習をしていましたが、それが終わろうとしていた夜10時10分頃に数発の銃弾が撃ち込まれました。しばらくして、背後の土手方向から十数発の発砲がありましたが、日本軍は部隊を集結し攻撃に備えていました。翌朝3時25分にも3発の発砲があり、5時30分4回目の銃撃があったのち初めて日本軍は反撃を開始しました。最初の発砲

相次ぐ反日テロ事件（1936年）

- １９３５年11月９日、上海海軍陸戦隊中山秀雄１等水兵射殺される。
- １月21日、角田汕頭領事館巡査射殺される。
- ６月30日夜、青島で大工の岩田軍三が14,5名の中国人に襲われ危篤状態に。
- ７月10日夜、上海で三菱商事社員萱生鑛作が自宅付近で頭を撃たれて即死。
- ８月20日、長沙の湘南旅館に爆弾投擲。邦人１名軽傷。
- ８月21日、北京で森川太郎（朝鮮人）が第２９軍兵士に殴打され、重傷。
- ８月24日、成都事件。日本の新聞記者４名が暴徒に襲われて２人死亡。２人重傷。
- ９月３日、広東省北海で薬屋「丸一洋行」を営む中野順三が』食事中自宅に乱入してきた抗日団体によって殺害される。
- ９月17日夜、汕頭の日本人商店に爆弾が投げこまれたが、不発。
- ９月18日、豊台で演習帰りのも本軍一個中隊の小岩井光夫中尉の乗馬が、馮治安軍兵に殴打され、さらに看護兵が暴行された。
- ９月19日、漢口の日本租界と旧英国租界の境目で巡邏中だった吉岡庭二郎巡査が後ろから近づいた中国人に後頭部を打たれて即死した。
- ９月23日夜、上海の海寧路を歩いていた４名の日本水兵を数名の中国人が狙撃した。田港二等水兵が即死。２名が重傷。
- ９月27日、長沙の湘潭日清汽船の事務所およ倉庫に放火（大事には至らず）。
- 10月21日夜、上海で海軍陸戦隊関係者が、中国人５名に襲われ、服をずたずたに裂かれ、歯をおられる重症を負った。
- 11月２日、湖南省長沙で在留３０年の山岸賢蔵が自宅で襲われ負傷
- 11月５日、上海で妻と子供と散策中の鹿児島茂が、ナイフで襲われ、首に怪我をした。
- 11月11日夜、上海で高瀬安治（笠置丸船員）が散策中に銃撃を受け即死。
- 11月25日、上海の光明洋行で店員の林邦彦が硫酸瓶を投げつけられ肩に当たったが、無事だった。瓶には「日本人を皆殺しにせよ」と伝単がつけられていた。

＊１年間に１７件（前年末を加えると１８件）のテロ事件がおきている。

事件から7時間後のことです。この発砲事件は29軍に潜入していた共産党分子が起こしたことは拙著『日中戦争　真逆の真相』（ハート出版）で詳しく立証しましたのでそちらを見ていただきたいと思います。さらに、中国側が起こした事件であるという疑う余地のない証拠がありますので、それをお見せします。事件勃発から4日後の7月11日に次のような「現地停戦協定」が結ばれました。

一、第二九軍代表は日本軍に遺憾の意を表し、かつ責任者を処分し、将来責任を以てかくの如き事件の惹起《じゃっき》を防止することを声明す。

二、中国軍は豊台《ほうだい》駐屯日本軍と接近し過ぎ、事件を惹起し易きをもって、盧溝橋付近、永定河付近には軍を駐屯せしめず、保安隊を以てその治安を維持す。

三、本事件は所謂《いわゆる》藍衣《らんい》社、共産党、その他抗日系各種団体の指導に胚胎すること大きに鑑み、将来これが対策をなし、かつ取り締まりを徹底す。

第1項で、29軍代表が事件の責任を全面的に認めて謝罪しております。その上、3項では、共産党などが怪しいので、この対策、取り締まりを徹底すると約束しているのです。
実は中国軍はその後、停戦協定違反を繰り返し、日本は遂に内地3個師団を派遣することになるのですが、これは居留民を守るための派兵であり、中国に対する全面攻撃などでは全くありませんでした。

しかし、中国側は7月29日には「通州事件」とよばれている日本人市民225人を惨殺する事件を起こしました。アメリカ人ジャーナリストのフレデリック・ヴィンセント・ウイリアムズはこれを「古代から現代までを見渡して最悪の集団屠殺として歴史に記憶されるだろう」と『中国の戦争宣伝の内幕』（芙蓉書房出版）に書いています。「暴支膺懲《ぼうしようちょう》」の声が高まるなか、日本政府は不拡大方針を変えずに画期的な和平案（「船津和平案」）を決定し、中国側と外交交渉に入ります。

しかし、和平交渉の第1日目（8月9日）の夕方、上海駐留の日本海軍陸戦隊の大山勇夫中尉と斎藤與蔵一等水兵が巡察中に惨殺される事件が起こり、和平交渉は頓挫してしまいました。世界10か国で同時発売された有名な『MA

Ｏ』／『マオ』（ユン・チアン／ジョン・ハリデイ、講談社）という本には隠れ共産党員の南京上海防衛司令の張治中が命令して殺害させたものであると書かれています。和平が実現しては困る勢力＝共産党による仕業であることは間違いありません。

そして、その4日後の8月13日、4章の初めの方で上海戦の真実で書きましたように、上海の非武装地帯に潜入していた中国正規軍3万が日本人居留民3万を守っていた海軍陸戦隊４５００に全面攻撃をかけてきたのです。14日には航空機も動員した攻撃です。これではとても居留民の安全を守ることはできませんので、内地2個師団を派遣することに決定しました。

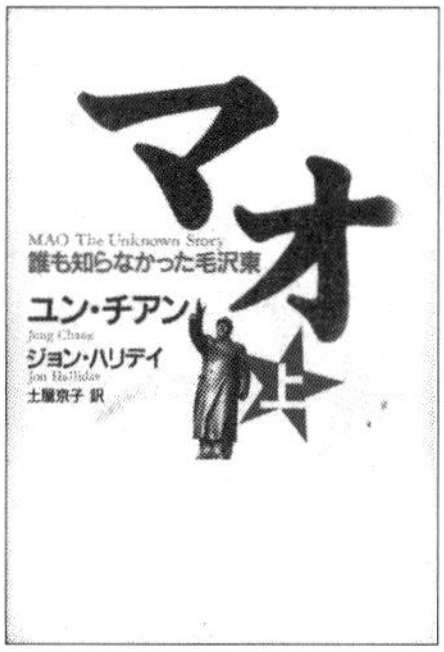

蒋介石は8月15日、国家総動員令を発令し、大本営を設置したのです。

「日本は中国との全面戦争を開始した」のではなく、「中国が日本に全面戦争を仕掛けてきた」ことは明々白々の事実です。「翌年には最終的に国土の半分に相当する地域を占領した」とあたかも日本が中国を侵略し、我がものにしようとしたかのように書いていますが、事実は全く違います。

日本の和平案は一片の領土要求もしていない

そのことは、日本の提起した和平案を見ればよく分かります。上海戦の勝利が確実になってきた10月27日、広田外相はイギリス・アメリカ・フランス・ドイツ・イタリアに対して、日中交渉のための第三国の好意的斡旋を受諾する用意のあることを伝えました。結局、和平の仲介はドイツに依頼することになり、11月2日、日本は正式に日本の和平条件7項目を駐日ドイツ大使に通知しました。船津和平案とほぼ同じものですので、ディルクセン大使も「きわめて穏健なもので、南京はメンツを失うことなく受諾できる」と本国に報告したほどでした。ドイツ政府も日本側和平条件を妥当なものと判断し、トラウトマン駐華大使を通じて蒋介石に日本側条件を通告しました。

ところが蒋介石はこの和平提案を拒絶したのでした。ブリュッセルで開かれる予定の9か国会議に期待したためでした。しかし、自分から戦争を仕掛けておきながら、9か国条約違反を訴えるという身勝手は、さすがに通用しませんでした。その思惑は当然外れることになりました。

南京陥落が迫ってきた12月2日、トラウトマン大使は再度蔣介石と会見し、和平について話し合いをしたところ、蔣介石は前の案と同じなら検討してもよいと言った返事をしました。しかし、その直後南京が陥落し、和平条件に付いて様々な要求も提出された結果、さすがに前の案と同じというわけにはいきませんでした。12月21日閣議決定した和平条件は次の通りです。

1、支那は容共抗日満政策を放棄し日満両国の防共政策に協力すること。
2、所要地域に非武装地帯を設け且該各地方に特殊機構を設置すること。
3、日満支三国間に密接なる経済協定を締結すること。
4、支那は帝国に所要の賠償をなすこと。

（別紙）

日支講和交渉条件細目

1、支那は満州国を正式に承認すること。
2、支那は排日及び反満政策を放棄すること。
3、北支及び内蒙古に非武装地帯を設定すること。
4、北支は支那主権の下に於いて日満支三国の共存共栄を実現するに適当なる機構を設定之に広範なる権限を付与し、特に日満支経済合作の実を挙ぐること。

これを見ると、どこにも中国を我が物にするとか、領土を要求するとか、また権益を要求するとかしていません。領土に関しては、もともと「租界」の返還は日本がほかの欧米諸国に先駆けてやっていました。この和平案では一片の領土要求もしていません。

この時点では、「アメリカの領土の半分の地域を占領」してはいませんでしたが、「中国全土の4000平方マイル、コネチカット州の面積」(p.67)は占領していました。すなわち北京、北支、上海、南京と中国の主要部分を占領していました。にもかかわらず、北支も含めてすべて中国の主権下で、という条件になっていまして、一片の領土要求もしていません。

従いまして、もともとこの戦争は中国側が仕掛けてきて拡大して行ったことはすでに説明した通りですが、リッグの言うように、中国の領土を蹂躙し、わがものにするなどというのは全くの大ウソであることは明々白々です。

この和平条件で、問題になるのは賠償請求をしていることでしょう。これが前の条件案に付け加えられたものでして、私個人の見解としては、バカなことをしたものだとは思います。しかし、日本の世論の圧力に負けてこんなことをしたのではないかと思います。しかしながら、これがあったとしてもどう見ても侵略政策とは見なせない和平条件です。日本はあくまでも中国との友好、協力関係を結びたいと考えていたという結論になります。

439万がいつのまにか2000万になる不思議

まえがきでも書きましたように、中国の国民党政権（蒋介石政権）は、終戦から2年後の1947年に、日中戦争による市民の死者は439万人と発表しています。それがどうして、その5倍近い2000万になるのか、魔訶不可思議というしかありません。たぶん、

1949年に成立した共産党政権がその36年後の1985年になって発表した「軍民死者」2000万、そしてその10年後の1995年に発表した3500万という数字がそのもとになっているのでしょう。

しかし、これは極めて奇妙なことです。第一に、中国の数字はとかく誇大なものが多く、その代表的な表現として白髪三千丈という語句があります。従いまして、国民党政権の発表数字も相当に誇大というか不正確なものである、という前提で見ていく必要があります。市民の死者439万人と言いますが、その前年の1946年に発表された軍人の死者132万人と比べてみると明らかに過大です。日本軍は無差別攻撃などしていないからです。

そもそも、日本軍が進撃の途上で中国の逃げ遅れた住民を片っ端から殺したり、強姦したりしたというリッグの本の記述が完全に間違っていることは、第4章で詳しく説明しました。むしろ、住民が被害を受けたのは敗残の中国兵によるものであるということを証明いたしました。すると、市民の死者439万の大部分は、敗残中国兵によるものではないかという推計になってきます。国民党軍は、自国民が受ける被害を何とも思っていなかった典型的な例として、黄河決壊作戦を取り上げることにしましょう。

黄河を決壊させ100万の中国人民を死亡させた国民党軍

南京占領の翌年1938年4月、徐州に中国軍主力50万〜60万が集結していることが分かり、これを包囲殲滅する作戦（徐州作戦）が立てられ、5月発動されました。動員された日本軍は約20万で、包囲するためには少なすぎましたが、中国軍を撤退に追い込みました。追撃を免れるために中国軍は黄河の堤防を決壊するという非道極まりない作戦を実行したのです。

この結果、河南省・安徽省・江蘇省の3省の土地5万4000平方㎞を水浸しにしました。水没した範囲は11都市と4000の村に及び、3省の農地は農作物ごと破壊され、水死者は100万人、被害者は600万人と言われています。（被害の程度は諸説ありますが）。いずれにしましても、このような被害を国民に直接与えるであろうことは、十分に予知されていたにもかかわらず、こういう非人道的な作戦を敢えて行ったのが、国民党軍だったということです。
洪水発生時は例によって国民党は得意の宣伝戦で、これは日本軍が飛行機から爆弾を投じて起こしたことだと国内外に向けて発表していました。しかし、次第に実態がわかってきまして、海外メディアとしては、フランス急進社会党機関紙『共和報』が最初に中国軍による自作自演であると報道しました。
この真相について国民党政府が自白したのは、1976年の『戦史論集』においてでした。（張其鈞監修、当時の工兵参謀による「抗日戦争期間黄河決口経過紀実」）その6年後には第20集団軍参謀処長で、堤防破壊の執行者であった魏汝霖も「抗日戦争期間黄河決口紀実」（『戦史会刊』第14期、1982年）で詳細に当時を語っています。これによると、徐州会戦後、蒋の命令で黄河の堤防に決壊口を開け、決壊させた。そして諸外国には「日本軍による水攻め」だと宣伝したと言います。（『「日中戦争」は侵略ではなかった』（黄文雄、WAC）
事実、決壊当日の6月11日午前、国民党の通信社である中央社電が、「日本の空爆で黄河決壊」という偽情報を報じました。翌々13日には全国各メディアが総動員され、日本軍の黄河決壊の暴挙を喧伝しました。これを受け、世界各国の世論も日本を非難したのです。

しかし、事の真相はベテラン外国人記者に見破られ、17日にはフランスの『共和報』が国民党の自作自演の愚挙と報じたのでした。

この黄河決壊が起こった時、日本軍は堤防の修復作業とともに、住民のための救助・防疫作業も行っているのです。水害の後は伝染病が流行するからです。日本軍が住民救助活動を行っていたことは多くの新聞が報じています。

この写真は、毎日新聞1938年7月号に載り、『支那事変画報』に掲載されたものです。

日本軍に救助された避難民は、開封方面1万、朱仙鎮、通許方面5万、尉氏方面2万、その他数万であったと伝えられています。合計で、10万近くになります。

日本兵が弱い中国住民を虐殺しまくったなどというリッグの描写は、余りにも酷いウソ、反日レイシズム幻想が描き出した虚像ということです。

439万という死者の中にはこの黄河決壊による犠牲

者100万が含まれていることになるでしょう。『抗戦江河堀口秘史』（畢春富、明文書局）によると、失敗したものも含めると揚子江も含めて決壊作戦は12回に及ぶと言います。従って、国民党による自国民殺しは相当な数になってきます。ハッキリ言えば、むしろ市民死者の大部分が国民党政府による自作自演ということになるのではないかとすら考えたくなります。リッグの妄想は全く的外れであることは疑いなしです。

実は、16章に黄河決壊作戦のことをリッグは書いています。

「1938年6月20日の運命の夜、蒋介石は承詔の近くで黄河をせき止める堤防の戦略的決壊を命じた。……少なくとも100万人が溺死またはそれに続く病気と飢餓によって命を落としたと推定されている。莫大な人的損害にもかかわらず、この絶望的な措置は、日本軍が中国を更に征服するのを防ぐことに成功した。さらに、土肥原将軍指揮下の日本軍第14師団の大部分が激流の波におぼれ、兵士のほとんどが溺死するなど、日本軍部隊に深刻な打撃を与えた」（『Japan's Holocaust』第16章 p.185）

ひどい記述です。何よりも、この非人道極まる犯罪的な作戦を肯定的に書いていること
です。１００万もの中国人民の死を「莫大な損害にもかかわらず」と片付けているのです。
リッグの人間性を疑わざるを得ません。

それと、この作戦が効果を上げたかのような大ウソを書いていることです。土肥原中将
麾下の第14師団の大部分が激流の波におぼれ、兵士がほとんど溺死するなどと大ウソを書
いています。14師団は中牟で筏船百数十艘を出して、住民救助に当たりましたが、兵士の
死者はほとんどありませんでした。このように全く信用できないウソを平気で書いている
のがリッグのこの本です。

さらに言いますと、日本軍はこの作戦のために、中原から武漢への進撃を一時中断しま
した。進路を変えざるを得なかったのですが、結局は華東に迂回して中支派遣軍を編成し、
数か月後には武漢攻略に成功しています。ですから、この決壊作戦は住民に大被害を与え
ただけのものとなったというのが真相です。

長沙焚城

黄河決壊など12件の決壊作戦を中国国民党は行ったことを述べましたが、町そのものを焼きつくす、「焚城《ふんじょう》作戦」も国民党がしばしば行って住民を犠牲にした作戦です。その典型例の一つが、長沙焚城です。こういうことも行っているのが中国軍であるということを知らずに、逆にまるで日本軍が町を焼きつくしたかのようにリッグはしばしば書いていますので、長沙焚城を少し詳しく紹介しておきましょう。

『「日中戦争」は侵略ではなかった』（黄文雄、ＷＡＣ）は「長沙焚城は中国伝統の〝焚城の計〟」と題して次のように述べています。

「１９３８年１月12日深夜、湖南省長沙城南門外の傷兵病院で出火があった。実はこの時中国軍兵士たちは長沙警備司令官から、日本軍の攻撃を受けた場合には城内を焼き払うよう命じられており、この炎をその合図ののろしだと誤解してしまった。当時日本軍は長沙から数百里の地点にいたのだ。そしてすぐに各所で放火が始まり、市民たちからの略奪も開始された。

中国軍の放火によって城内は大火災が巻き起こり、三昼夜の延焼で、名城は廃墟と化し、20万人以上の死者が出たのだった。

16日、蒋介石が南岳の山中から視察に来たところ、激怒した市民から激しい抗議を受けた。彼は長沙警備司令官、警備団長、省警察局長の3人を銃殺した。しかし、これは蒋介石が自らの責任を逃れるために立てたスケープゴートだった。

なぜなら、蒋介石は前年の１９３７年11月12日、湖南省主席・張自忠に電報で、「もし長沙が陥落したら、必ず全城を焼き払え。事前に綿密な準備工作をせよ」と命じていたからである。この前日、武漢を陥落させて粤漢《えっかん》鉄道に沿って南下した日本軍は、岳陽をも攻略していた。そこで蒋介石は日本軍の次の目標は長沙だと予想し、中国伝統の攻城作戦の一つ、『焚城』を計画したのである。しかし、この計画では、住民の疎開は考慮されていなかった」

50倍の誇大宣伝をする中国共産党

中国人民間人の死者439万人という数字は前記で述べましたように、中国軍によるものの外は格段に少なくなります。このたった二つのケースだけで、120万の中国人市民を国民党は殺害しているのです。12カ所の決壊をはじめ、他に似たケースは数々あります。そして敗走の時の略奪と殺害などを数えていくと、少なくとも300万人以上になっていくでしょう。そうすると、439万は、結局のところ、どんなに多めに見ても100万人にはならないと推測されます。

さて、そうなるとリッグの言う2000万人という説は、この20倍にもなります。200万としても10倍です。しかし、共産党ならそんな数字は何ら不思議ありません。日中戦争は日本と国民党政権の戦いであり、共産党は国民党と合作政策をとっていましたが、実際に戦ったのはほとんど国民党軍であり、共産党軍は戦いのごく一部しか占めていませんでした。それは当然のことで、毛沢東は「我々の政策は、70％は自らの勢力を発展させるためであり、20％は妥協すること、10％は日本軍と戦うことである」（『抗日戦争中、中国共産党は何をしていたのか―覆い隠された歴史の真実』謝幼田著、坂井臣之助訳、草思社）という指針を出していたのです。

従って、死者の大部分は国民党軍と日本軍との戦いによるものですので、共産党が国民党の発表した数字を完全に無視したようなものを、根拠を持って出せるはずはありません。しかし、言論の自由、マスコミの監視などのない共産党政権は何でも勝手に言えるので、こんな10倍や20倍の数字を平気で発表できるわけです。

共産党の宣伝戦における戦果誇張がいかにひどいものであるかは、共産党が日本軍に勝利したと大宣伝をしてきた「平型関《へいけいかん》」の戦いのケースを見ればよく分かります。1937年9月25日、林彪《りんぴょう》指揮下の115師が日本軍の第5師団の輜重《しちょう》部隊を襲い、1万人を殲滅したと大々的に宣伝しました。日本軍に初めて勝ったと大宣伝をし、共産軍のイメージを大きく高めることになりました。しかし、実際にはたまたま国民党に命じられて、配置されていた林彪の部隊が、谷間を進行中の武器をほとんど持たない輜重隊（輸送部隊）200名を死傷させたに過ぎないことは今では明確になっています。つまり、戦果を50倍に誇張して「公式発表」していたのです。

ですから、実数にある程度近い数字439万（これも誇張されているので実際には100万足らず）の20倍の2000万という数字を発表することくらい何ら不思議でないということです。しかも2000万軍民という発表が、10年後の1995年には3500万軍民と簡単に増加させられている、ということです。これが共産党政権の常套手段であり、その本質です。そんなものを愚かにもまともに受け取って、日本は2000万人の中国市民を虐殺したなどというのですから、余りにも幼く低級で、しかも悪質な反日レイシスト本が本書であるという結論となります。

第7章 〝慰安婦〟日本の性奴隷文化という日本侮辱

「アジア・太平洋戦争中、日本軍と政府は帝国各地に多数のレイプ・センターを設置し、軍人に性的サービスを容易に提供した。第二次世界大戦中の日本の性奴隷、あるいは『慰安婦』と婉曲に呼ばれた彼女たちは、日本政府によってほとんど認められてこなかった。『慰安婦』という言葉は、加害者によって使われたもので被害者にはどういうものなのかということを正確に理解させない言葉だった。つまり、彼女らは精神的にも肉体的にも暴行され、その過程でしばしば殺された。従って、この日本史の暗黒の章を研究するとき、『慰安婦』という言葉を使うときには注意が必要である。なぜなら、このような言葉は、日本自身によって未だにしばしば使われ、彼女たちを抑圧した日本人によって犠牲となった女性たちの抑圧と阻害を永続させているからである」（『Japan's Holocaust』第13章 p.161）

この本の著者は、日本人を前近代の無法社会という前提で「慰安婦」のことを論じています。

まず第1に、日本人を馬鹿にしたレイシストならではの考えかたです。

では全くなく、レイプを防止するための施設であったという基本認識が全くありません。「慰安婦」が性サービスを提供した「慰安所」は、レイプ・センターなど長く戦場にいる若い男性が性的な欲求に耐えられず、レイプを犯す危険性を防ぐことは、規律の厳格な日本軍といえども容易なことではありませんでした。

そのことは、第4章で述べましたが、日本に上陸したアメリカ占領軍が1945年8月30日から9月10日までの12日間に、神奈川県内だけで犯した強姦が1326件にも上っていたという事実をみれば、なるほど容易ではないと理解できるのではないでしょうか？

当時日本では売春は非合法ではありませんでしたから、街娼（ストリート・ガール）がたくさんいて、それを利用していたアメリカ軍兵士の数は、この1326件の10倍くらいはいたでしょう。金がかかるということやあれこれの理由で、強姦に及んだものでしょう。

いずれにしても、神奈川県内だけで1万人足らずのアメリカ兵は12日間に1万数千の「買春」を行ったということになります。

なぜ日本軍は「慰安所」を設置したかというと、国内にいれば、若者たちは当時合法であった「遊郭」など売春施設を利用することができました。そこで、「遊郭」を戦地に開設しようとしたのが、「慰安所」です。従って、そこで働く「慰安婦」は遊郭で働く女郎（売春婦）と同じで、多額の前払い金を「慰安所経営者」から受け取り、一定の期間働く契約をしてサービスを提供していたのであり、これはレイプでも何でもなく、合法的なビジネスだったのです。それをレイプなどと呼ぶことは売春婦に対するとんでもない侮蔑であります。しかも、収入はかなり高かったのです。

そのことは、アメリカ軍の「捕虜尋問調書」に出ていますのでご覧いただきましょう。アメリカの公文書館に保管されているもので、「米国陸軍インド・ビルマ戦域所属情報部心理作戦チーム情報室　日本軍捕虜尋問報告第49号」という7ページの報告書です。

アメリカ軍尋問調書が明かす慰安婦の実態

序文で次のように述べています。

「この報告書は、ビルマ北部のミイトキーナ陥落後の掃討作戦において1944年8月10日ごろ捕虜となった朝鮮人『慰安婦』20名および日本人民間人2名（注：雇い主）を尋問して得られた情報に基づいている。……

『慰安婦』とは、兵士の便宜のために日本陸軍に随行した売春婦あるいは『軍隊随伴業者』に他ならない。『慰安婦』という単語は、独特な日本語である。これ以外の報告書も、日本陸軍が戦闘を行った場所にはつねに『慰安婦』が存在していたことを報告している。

……」

ここで、「慰安婦」とは売春婦に他ならないと明確に述べていることにご注目下さい。

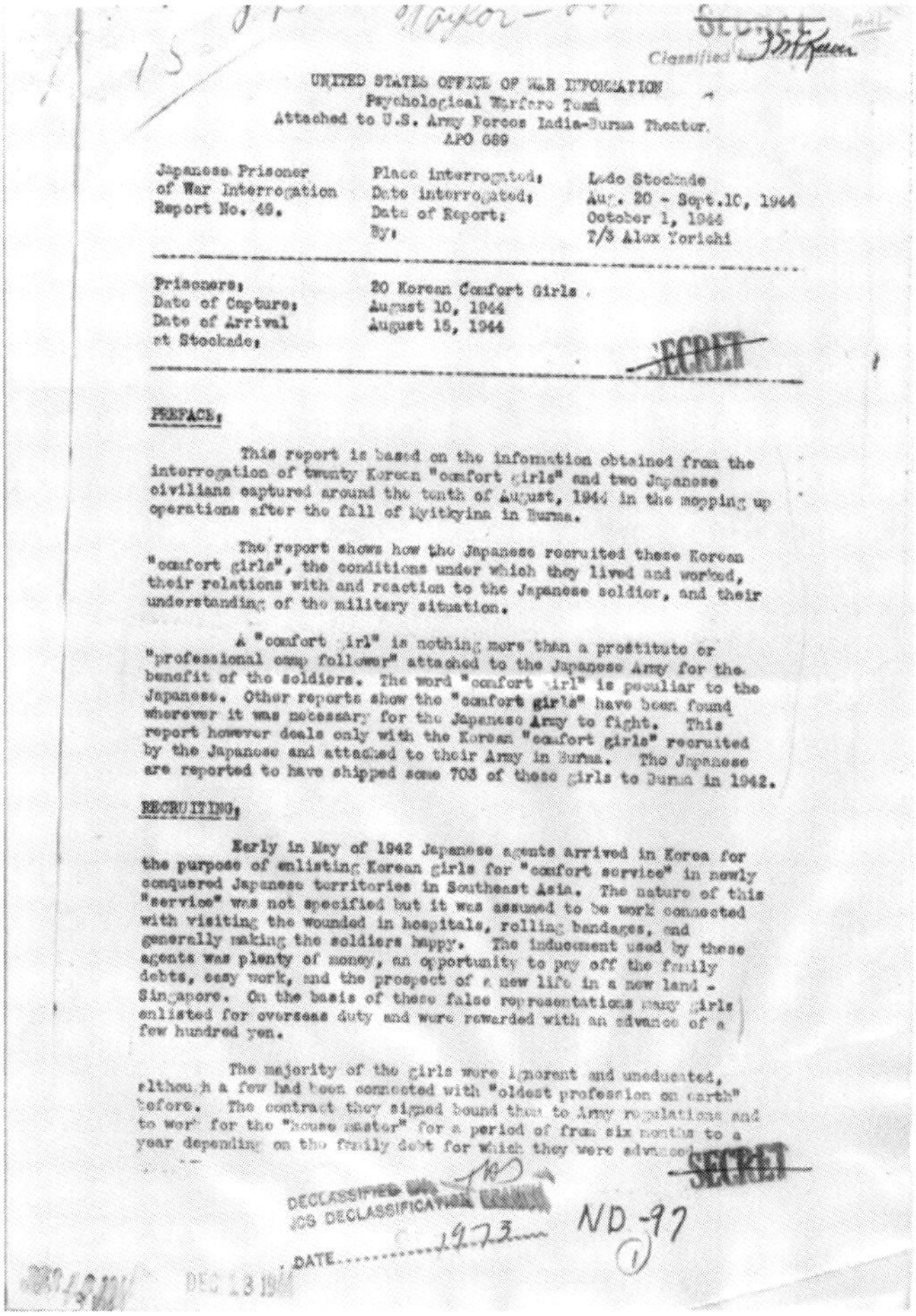

SECRET
Classified

UNITED STATES OFFICE OF WAR INFORMATION
Psychological Warfare Team
Attached to U.S. Army Forces India-Burma Theater.
APO 689

Japanese Prisoner of War Interrogation Report No. 49.	Place interrogated:	Ledo Stockade
	Date interrogated:	Aug. 20 - Sept.10, 1944
	Date of Report:	October 1, 1944
	By:	T/3 Alex Yorichi

Prisoners:	20 Korean Comfort Girls
Date of Capture:	August 10, 1944
Date of Arrival at Stockade:	August 15, 1944

SECRET

PREFACE:

This report is based on the information obtained from the interrogation of twenty Korean "comfort girls" and two Japanese civilians captured around the tenth of August, 1944 in the mopping up operations after the fall of Myitkyina in Burma.

The report shows how the Japanese recruited these Korean "comfort girls", the conditions under which they lived and worked, their relations with and reaction to the Japanese soldier, and their understanding of the military situation.

A "comfort girl" is nothing more than a prostitute or "professional camp follower" attached to the Japanese Army for the benefit of the soldiers. The word "comfort girl" is peculiar to the Japanese. Other reports show the "comfort girls" have been found wherever it was necessary for the Japanese Army to fight. This report however deals only with the Korean "comfort girls" recruited by the Japanese and attached to their Army in Burma. The Japanese are reported to have shipped some 703 of these girls to Burma in 1942.

RECRUITING:

Early in May of 1942 Japanese agents arrived in Korea for the purpose of enlisting Korean girls for "comfort service" in newly conquered Japanese territories in Southeast Asia. The nature of this "service" was not specified but it was assumed to be work connected with visiting the wounded in hospitals, rolling bandages, and generally making the soldiers happy. The inducement used by these agents was plenty of money, an opportunity to pay off the family debts, easy work, and the prospect of a new life in a new land - Singapore. On the basis of these false representations many girls enlisted for overseas duty and were rewarded with an advance of a few hundred yen.

The majority of the girls were ignorant and uneducated, although a few had been connected with "oldest profession on earth" before. The contract they signed bound them to Army regulations and to work for the "house master" for a period of from six months to a year depending on the family debt for which they were advanced.

SECRET

DECLASSIFIED
JCS DECLASSIFICATION
DATE 1973
ND-97
(1)
DEC 13 1944

続いて、慰安婦募集のところでは、「署名捺印した契約書によって家族が前払いを受けた借金の金額により、6か月から12か月の期間、彼女らは戦時の陸軍の規則および雇い主に従うこととなった」と述べられており、軍は募集には全く関わっていないことが分かります。軍は売春業者に営業の場を提供したということです。軍が強制連行したなどとんでもない話で、そんなことをしたら軍事裁判にかけられ、極刑を下されたことになったでしょう。従って、そんなことはただの1件も証拠となる文書、証言がありません。

生活及び勤務条件のところでは、

「ミイトキーナでは通常、2階建ての大きな建物（一般的には校舎）に各自、個室を与えられていた。この個室が彼女らの居間兼寝室であり、営業の場でもあった。ミイトキーナでは食事は雇い主が作りそれを彼女たちは買っていた。日本陸軍からの定期的な食糧配給はなかった。彼女らの生活は、ビルマのその他の地域に比べれば、むしろ贅沢といえるものであった。とりわけ、ビルマにおける2年目の生活については恵まれていた。慰安婦には食料や物資に厳しい配給統制がなかったためである。また、彼女たちは沢山のお金を持っていたため、欲しいものを購入することできた。彼女らは兵士が故郷から送られてきた『慰問袋』に入っていた品々を贈り物として受け取った上に、衣類、靴、タバコ、化粧品なども買うことができた。

ビルマでは、彼女たちは、日本軍の将校や兵士たちとともに各種のスポーツや催しに参加して楽しんだ。ピクニック、演芸・娯楽、社交夕食会にも参加した。彼女らは蓄音機（レコードプレーヤー）を持っていたほか、町ではショッピングを楽しむことも認められていた」

と書かれているように、「慰安婦」たちは、たくさんのお金を持っていたため、欲しいものを買うことができたのでした。これはアメリカ軍兵士による組織的な尋問調書ですよ。誰かの又聞きではありませんよ。これを見ただけでリッグの慰安婦「観念」は根底から覆るはずです。覆らないとすれば最早まともな人間とは言えません。

給与と生活条件はどうかというと、

「契約時の負債の金額により、各慰安婦は稼ぎの総収入の50％から60％を『雇い主』に支払うことになっていた。慰安婦の一か月の稼ぎの総収入は約１５００円であった。彼女たちは、『雇い主』に７５０円返済していた。だが多くの『雇い主』は、食料やその他の必要物資の代金として高額を請求し、女性たちに困難な生活を強いていた。
１９４３年の後半に陸軍は、負債の返済を終えた女性は帰国してもよいとの命令を発したので、返済した女性は、朝鮮に帰国することが認められた」

となっています。即ち、平均して彼女たちは月平均７５０円の純（ネット）収入があったということです。当時の軍人の給与はというと、大将が年６６００円ですから、月５５０円、軍曹23円〜30円、２等兵７円といったところです。慰安費の稼ぎがいかに高いものであったかお分かりいただけると思います。これで、よく性奴隷であるとか、「彼女は精神的にも肉体的にも暴行され、その過程でしばしば殺された」などということがいえたものです。とんでもないレイシズム性の偏見に基づく間違った見方であることが明白です。

高い稼ぎをしていたことで有名な朝鮮人慰安婦の文玉珠の郵便貯金通帳の写しがあります。毎日新聞にその原簿があったことが報じられていて、かなり知られています。それには残額２万６１４５円が記帳されていました。一度家に５００円仕送りしていますし、小遣いなどを入れると３万円以上を２年間で稼いでいたことになり、月１０００円は稼いでいたことになります。２万６千円は、ソウルで家10軒が買える金額です。

文玉珠にインタビューしたものが、左翼系の出版社から『文玉珠　ビルマ戦線　楯師団の「慰安婦」だった私』（梨の木舎）という本になっています。

「今度つれられていったのはラングーンだった。ラングーンは大きくて美しい都会だ。木々の緑が深い。日差しがカッと強く、地面は熱く照り返して立っていられないほどだった。西洋風の建物が沢山立っていた。日本軍はラングーンに大きい司令部を置いていた。タテ師団だけでなく、たくさんの部隊があったと思う。軍人たちも多かった。やっと前線ではないところに来たから

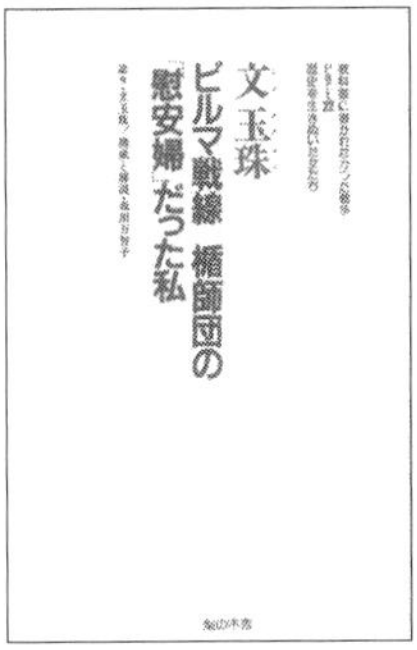

安全だ、と安心したものだ。……

ラングーンの市場で買い物をしたことは忘れられない。

大きなマーケットがあった。支那マーケットもあったし、朝鮮人やインド人の店もたくさんあった。マーケットではコーナーごとに食べ物屋、服地屋、仕立屋、履物屋という風に、同じものを扱う店がひとかたまりずつ並んでいた。いろんな人種の人たちがにぎやかに集まってきていた。私はイギリス人がやっている洋服屋で服を買った。ハイカラな服だった。頼まれていた友達のものもたくさん買って帰った。2、3度行ったと思う。ヒトミと一緒に行ったり、他の友達といったこともあった」

こうした生活をしていたのが慰安婦なのであって、奴隷状態などとんでもない話であることがよくご理解いただけると思います。

もう一つこの本に載っているものすごいエピソードを紹介します。8章「軍法会議」に出ているのですが、ある時酒癖の悪い客の兵長が酔っぱらって刀を抜いて切り付けてきたという事件です。必死で抵抗し、もみ合っているうちになんと彼女は曹長を殺してしまったのです。その結果軍法会議に掛けられることになるのですが、何と日本兵を殺した文玉珠は正当防衛で無罪となったのです。

あの厳しい戦場でも日本軍は法をきちんと守る軍隊だったということです。そもそも日本はリッグが書いているような無法国家ではなく、れっきとした法治国家でありました。売春が国内法で適法であったために、「慰安所」を設置し、その運営を法に基づいて管理していたということです。この朝鮮人慰安婦の文玉珠の証言は軍が戦時でも法をしっかり守っていたことを明らかにしています。

さらに、朝鮮人を差別していなかったことも示しています。貴重な証言です。

このリッグの章の冒頭で「彼女らは精神的にも肉体的にも暴行され、その過程でしばしば殺された」などと書いてあるのが如何に出鱈目で、何よりも日本軍を馬鹿にしたレイシスト的な言葉であるかよくわかります。そんなことをしたら、その日本軍兵士は軍法会議で間違いなく死刑判決を受けることになるでしょう。

アメリカ軍は第二次大戦中に軍事売春所を設置していた

アメリカでは売春を禁止する州もあり、キリスト教の影響もあり、原則として米軍は売春を認めていませんでした。しかし第二次大戦中イタリア、モロッコ、アルジェリア、リビアに軍事売春所を設置していたことが判明しています。実はハワイはまだ州ではなく、特別地区であったという事情もあり、ハワイには海外に出かけていく兵士のための売春施設が設置されていたのです。大行列を作ってその売春宿に並んでいる兵士の姿が写真として残っています。

アメリカ軍兵士がフランスでどんなことをし、顰蹙を買っていたのかを描いているメアリー・ルイーズ・ロバーツ著の『WHAT SOLDIERS DO』（兵士たちは何をしているのか）を読むとわかります。やはりアメリカ軍も建前にこだわっているわけにはいかなかったのです。売春婦たちとであろうが一般女性とであろうが、日中の公共の場、人目も気にせず関係を結ぼうとするアメリカ兵に辟易して、フランスの市長が述べた苦言です。

「……アメリカ軍の地区司令官であるウィード大佐に宛てた手紙で、ピエール・ヴォアシンは嘆くのでした。彼の市の善良な市民たちは、GI《ジー・アイ》たちが売春婦たちとセックスをしている場面に出くわすことなしに、公園を散歩することも、愛する人の墓参りをすることもできなくなりました。夜になれば、酔っぱらった兵士たちがセックスを求めて街を歩き、結果として一般人の女性が一人で表を歩くことはできなくなりました」

「昼夜を問わず、節度とは正反対の行為が行われるだけでなく、未成年の目がそういった光景を見せつけられるのは、スキャンダラスなだけでなく、我慢の限度を超えるものです」

〈メアリー・ルイーズ・ロバーツ著『WHAT SOLDIERS DO』Pagel, Preface〉〔ケネディー日砂恵訳『歴史通』15-May〕

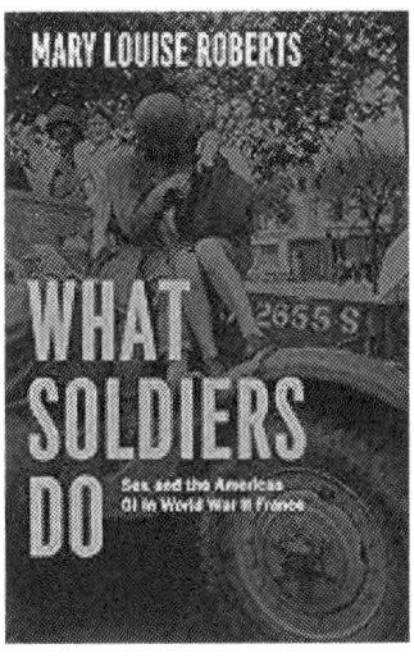

そして市長は、ウィード大佐に手紙を書いたのです。

「アメリカの方で、町の北に売春施設を設けて、これからはそれを利用してもらえまいか」

なんと市長は、アメリカ軍に対して「慰安所」の設置を文書で依頼していたのです。これを見ると日本は先見の明のあることを行っていた、ということになります。すなわち、慰安所のことを「レイプ・センター」などと呼んだリッグはこれも見てどう考えるのか、知りたいところです。

第二次大戦と言わず、より最近のベトナム戦争では、アメリカ軍は現地の売春宿をベース・キャンプ内に引き入れて営業させ、毎週軍医による性病検査を行い、安全管理をする方法を採用するようになりました。日本軍が行った「慰安所」とほとんど同じ様式を採用したのです。この設置の決定は師団長責任で行い、運営は旅団長の大佐の直接管理下で行われていました。このことは、スーザン・ブラウンミラー著『Against Our Will』(Fawcett Book, New

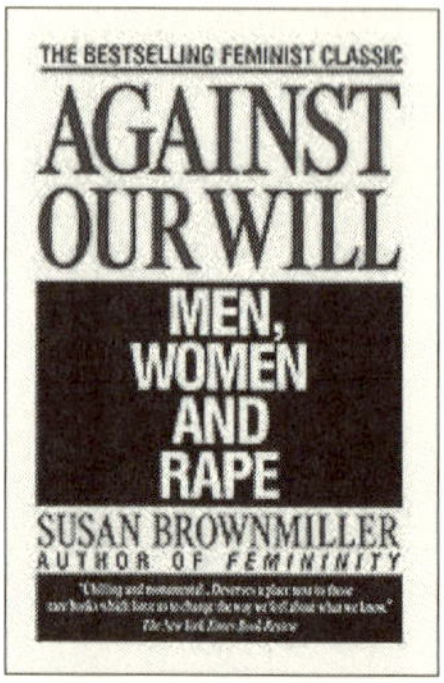

York）に書かれています。

さらに、韓国においてアメリカ軍は「慰安婦」を大いに利用していました。『軍隊と性暴力』（現代史資料出版）という韓国人学者グループによる研究書があります。朝鮮戦争の勃発から国連軍（米軍）と韓国政府が関わって慰安所を管理していたことが克明に検証されています。韓国ではアメリカ兵相手の「慰安婦」を「洋公主」（ヤンゴンジュ）、「洋カルポ」「国連婦人」と呼んでいたそうです。アメリカ軍向けの売春地区は「基地村」（キジチョン）と呼ばれていたそうです。

韓国における米軍慰安婦がなぜ生まれたかについて、自身の体験に基づいてその事情を描いている本があります。『韓国の米軍慰安婦はなぜ生まれたのか』（崔吉城、ハート出版）です。

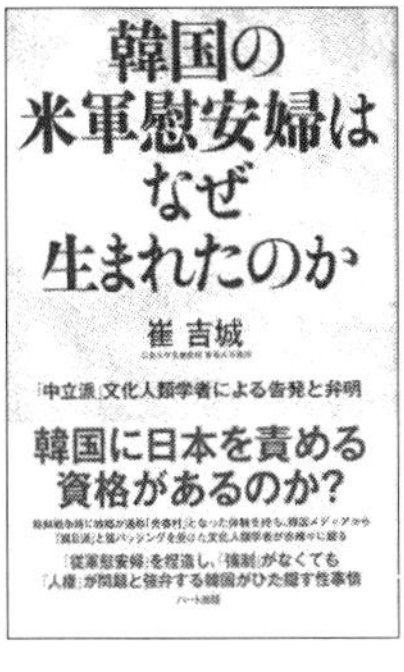

崔さんの故郷はソウルの北方40キロほどの所にありましたが、朝鮮戦争勃発とともに、北朝鮮軍に占領され、その後国連軍が奪回しました。解放軍がやってきたと、村人たちは最初は歓迎したと言います。しかし、しばらくする

と国連軍は女性たちを略奪し始めたのでした。彼らは昼間は村をぶらぶらしながら女に目星をつけておきます。そして夕方になると、坂道などの村を見渡せるところにジープを止めておいて、望遠鏡で目当ての女性を探します。そして見つけると猛然とジープを走らせてきて、強奪していくのです。

村は恐慌状態に陥りましたが、それを救ってくれたのはソウルからやってきた売春婦たちでした。30人ほどの売春婦たちの集まる「売春村」ができGＩの強奪はやむようになったのだそうです。こうして「売春村」の効用が明らかになり、韓国政府は積極的に「慰安所」を設置するようになっていったのでした。

つまり、キレイゴトでは片づかない戦場と性に問題に対して、日本軍は事前に当時としては最も合理的な対応策として「慰安所」を設置したのです。これを「レイプ・センター」とリッグは呼ぶのですから、その無知さ加減と日本を馬鹿にしきったレイシズムはひどいものです。

慰安婦問題はこうして生まれた

このように、戦場と性の問題は日本のみならず、どこの国もこれを抱えていて、それなりの対策を取っていたのです。アメリカ、韓国の例は前述しましたが、ソ連などはそういう問題は「ない」という前提で、前線の兵士任せにしていました。そのためソ連占領下でどれだけの女性が強姦や殺害を受けたか計り知れないくらいです。ソ連占領下のベルリンでどんなことが起こったのか、また満洲で日本女性がどんな目に遭わされたのか、知らない人がいたら少しは勉強してみてください。

それはともかく、ではなぜ、「慰安婦問題」が日本固有の人権蹂躪政策であったかのような扱いを受けるようになったのでしょうか？

もし、リッグが主張するように日本は「慰安所」を作ることで、犯罪的な人権侵害をしていたと仮定するなら、なぜこの問題があの一方的に日本を断罪した「東京裁判」でも取り上げられず、14年間にわたる日韓交渉でも取り上げられなかったのでしょう。日本政府が隠したとでもいうのでしょうか。とんでもない話で、「慰安婦」の募集は新聞で盛んに行われていました。当時は決して違法なことでも何でもなかったですので、これが問題とされることがなかったということです。

ところが、戦後、当時の記憶がうすれてきた1970年代になって、いわゆる人権派、反日派の人々の中に、慰安婦のことを取り上げる人々が出てきました。1973年に千田《せんだ》夏光《かこう》が『従軍慰安婦―声なき八万人の告発』という本を書いたのが始まりです。1983年に吉田清治が『私の戦争犯罪　朝鮮人強制連行』（三一書房）を出したところ、朝日新聞がこれを大々的に取り上げました。そして、吉田が韓国の済州島で「慰安婦狩り」を行ったというウソ話が、あたかも本当のことであるかのように、日本国内に、韓国に、そして世界に広まっていったというのが「慰安婦強制連行・性奴隷」というフェイク・ストーリーです。

すなわち、もともと「慰安婦問題」などという問題は存在していなかったのですが、吉田清治の本と朝日新聞がこれを大々的に取り上げたことで、「慰安婦問題」が生まれ

たということなのです。そして、これが韓国にそして世界に重大な人権侵害問題として広がっていったというのが慰安婦問題の真相なのです。不思議なことに多くの学者が、たった1件も慰安婦強制連行の証拠、文献、目撃者も見つけていないのに、20万人の慰安婦強制連行と性奴隷という考え方が、「自明」のこととしていることです。

その疑問に対して学者たちは、慰安婦の証言を持ち出します。しかし、その証言が最初に出てきた時には、強制連行などとは全く言っていなかったのが、マスコミで強制連行が語られるにつれて、だんだん証言が変わっていったという事実には目をつぶっているのです。

ハーバード大学のラムザイヤー教授が、慰安婦はみな合意契約に基づき、高額の前払い金を受け取っていたと述べたところ、契約書がないではないかと反論します。しかし、契約書といっても、公的なものではなく、契約の肝心な点は３００円、５００円という当時では普通の女性の年収以上の金額を雇い主は前払いしたということと、年季、即ち何年（通常2年）働く約束か、ということの証明書です。契約期間が済んでしまえば、不要のものので、今そんなものが残っているはずがありません。そうした契約書の構成などについての文献は豊富にあり、契約書が必要であり、存在していたことは疑う余地がありません。

何よりも、125ページで紹介したアメリカ軍の「捕虜尋問調書」に、「署名捺印した契約書によって」と明確に書かれているではないですか。これを否定するというのですか。しかし、それでも慰安婦が契約したなんて信じられないと言っている学者が大多数なのですから、困ったものです。『慰安婦性奴隷説をラムザイヤー教授が完全論破』（ハート出版）は、慰安婦の真相について膨大な資料を使って論証しております。まともに反論できる学者は皆無ですが、論点をずらしたりして、性奴隷説にしがみついている有様です。

ラムザイヤー教授は面白いデータを著書に掲載しております。


韓国の代表的な2紙（京郷新聞・東亜日報）に、慰安婦という言葉が何回現れたのか、そしてそれは米軍関係のものか日本軍関係のものかに分けています。これを見るとまずわかることは、「慰安婦」という言葉がやっと姿を現したのは、戦後しばらくたってからの1952年のことであり、これは日本とは全く関係なく、米軍に関するものであることです。1962年からはかなり「米軍慰安婦」が出てきますが、「日本軍慰安婦」が出てくるのは１９８４年に少々、１９９２年からどっと出てくることです。ですから、一般的に言えば、１９９０年代以前は慰安婦とは「米軍慰安婦」のことであったということが明白となります。

韓国新聞での「慰安婦」記事の掲載数

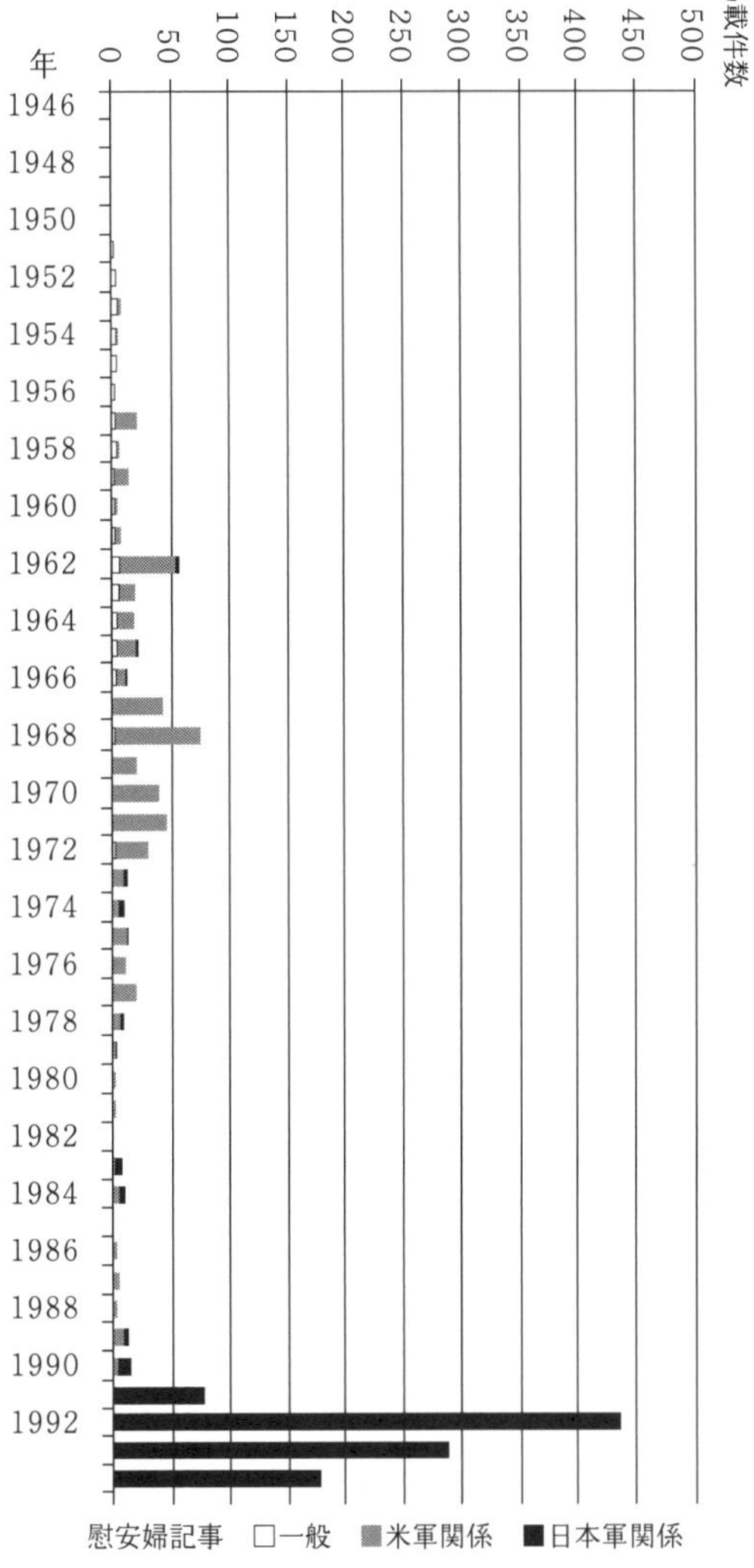

出典：京郷新聞（Kyunghyang Newspaper）
東亜日報（Dong-a Ilbo Newspaper）

ところが、吉田清治と朝日新聞がでっち上げた「慰安婦強制連行」のウソ話を韓国では政府がこれを大々的に取り上げ、日本政府に謝罪を要求し、小中学校の教科書にもこれを取り上げる有様です。さらに「元慰安婦」２４０名を「慰安婦被害者法」で「日本帝国によって強制的に動員され性的虐待を受けた」として、生活給与、医療費給与、生活安全支援金、看護支援会員、葬儀屋祭祀の費用など各種の恩恵をあたえています。

ところが、韓国国史教科書研究所所長の金柄憲氏は２４０名の認定「被害者」の中で、「日本帝国によって強制的に動員され、性的虐待を受けたものは一人もいない」ことを立証しています。金柄憲所長は、ウソに基づいて建てられた慰安婦像を撤去することを呼びかける運動を２０１９年から始めています。

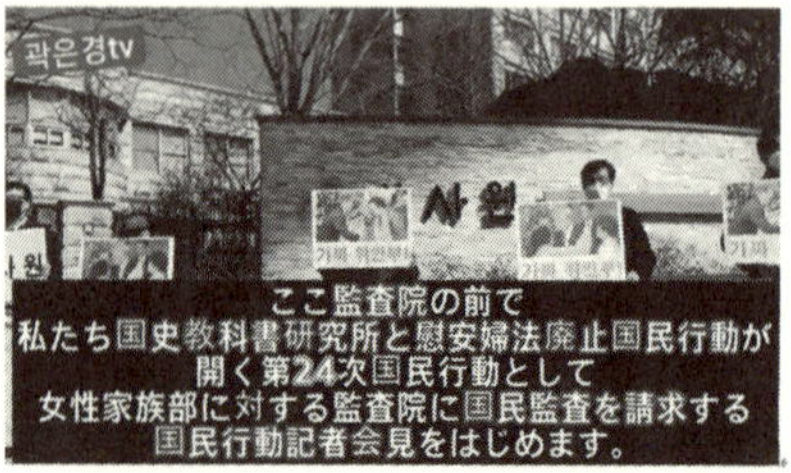

監査院前での記者会見（2021.2.24）

さて、吉田清治の済州島での慰安婦狩りという話は全くのデッチアゲであることが地元新聞（済州新聞）で報じられ、本人もそれを認めたことから、朝日新聞も間違い記事であったことを認めざるを得なくなりました。最初に記事を掲載してから32年後になる２０１４年8月5日、吉田清治の本に基づく記事18本の取り消しを発表したのです。

ハッキリ言えば、慰安婦問題はこれで終わりだったのですが、レイシズム思考が当たり前のように世界ではびこっていまして、未だに日本は慰安婦強制連行をしただとか、慰安婦は性奴隷だとか主張する人があまたいるのです。

この本の著者リッグもそのたぐいの一人ですが、いつの間にか論点をずらし、売春そのものが女性の尊厳にかかわる人権問題であり、日本は人権侵害を侵したのだと言い募るのです。もしそうであるなら、同じようなことをやっていた、アメリカとか韓国とかその他多くの国のことはどうなるのかを問いたいものです。

いずれにしても、次のようなレイシズムに基づく大ウソによって日本を貶めることは絶対に許されないことです。

「ある調査によれば、推定20万人の『慰安婦』のうち、悲惨な運命を生き延びたのはわずか10％だった。その多くは内出血や戦闘地域内、あるいは病気のために命を落としたが、他の者たちは、もはや役に立たないと判断されると、加害者たちによって冷酷に殺害された」(『Japan's Holocaust』注724、Bradley, Flyboys, 61)

売春をどう考えるか

売春は好ましくないという考えが現在では支配的となり、日本では1958年から売春は禁止されました。しかし、ヨーロッパなどでは合法とされている国のほうが多数派で、斡旋行為は禁止するなどの規制のある国もありますが、概して合法となっています。

したがって、売春=女性の人権蹂躙という考え方を絶対的なものとして、過去を断罪するなど、独断、自己価値の押し付け、というべきです。

特に、日本はどうせ遅れた人権無視の国だから、という前提で日本の過去を断罪するなど、レイシズムの最たるものです。

慰安婦問題が現在でも、「反日イデオロギー」の中心テーマになっている韓国では、売春婦たちが「売春防止法によって自分たちの商売ができなくなる」と、はではでしい街頭行動に立ち上がっていることを TIME Photo 誌（May 17, 2001）が報じています。

彼女らにとっては「売春」を禁止されることは重大な人権侵害だというわけです。どう評価するかはご自由ですが、人権問題をおのれの価値観絶対、中心主義で主張することの愚かさを知るべきでしょう。

第8章　ユダヤ難民救済問題

「日本が人種的優越性の教義を信奉していたことは、日本が遺伝的、優生学的、文化的な偉大さを主張するために同盟国と競争していたことを意味する」（『Japan's Holocaust』第2章 p. 33）

日本は人種的優越性の教義など信奉していたことはありません。第2章で説明しましたように、1919年2月13日にパリ講和会議において、日本は世界で最初に人種差別撤廃提案を行いました。当時世界を席巻していた欧米人に人種として劣っていたりしない、負けていないという信念は多くの日本人が持っていました。個人としていろいろな考えを持つ人もいたでしょう。しかし、公的な指針として人種的優越性などということはどこにも掲げられていたわけではありません。

例えば、明治維新の指針として1868（慶応4、明治元）年、天皇が国民に示し、皇祖、神々に誓った五か条の御誓文を見てみましょう。

一、広く会議を起こし万機公論に決すべし。
二、上下心を一にして盛んに経綸を行うべし。
三、官武一途庶民に至るまで各その志を遂げ人心をして倦《う》まざらしめんことを要す。
四、旧来の陋習《ろうしゅう》を破り天地の公道に基づくべし。
五、知識を世界に求め大いに皇基を振起すべし。

これが、新しい時代に向けて心掛けていくべき国民への指針ですが、このどこに、人種がどうとか、人種的優越性がどうだとか触れられているというのですか？

次に国民に呼びかけられた道徳指針として1890（明治23）年に天皇の名によって発布されたのが「教育に関する勅語」（教育勅語）です。これはどのようなことを言っているでしょうか？　現代語にしたものを示します。

「私が思うに、我が皇室の祖先は、人が行うべき正しい道の実現という大きな理想を掲げ、この国をお始めになられました。

そして、全国民が、国家や家族のために心を一つにして力を尽くした結果、見事な成果をあげてきたことは、我国の優れた国柄のおかげであり、教育の根本もここにあると考えます。

国民の皆さんは、親に孝養を尽くし、兄弟姉妹は互いに力を合わせて助け合い、夫婦は仲睦まじく、友人は信じ合い、そして自分の言動を慎み、全ての人々に愛の手を差し伸べ、学問に励み、職業に専念し、社会公共のために貢献し、また、法律や秩序を守ることはもちろんのこと、非常事態が発生したならば、勇気を持って祖国のために真心を尽くさねばなりません。

これらのことを実践することは、善良な国民としての当然の心得であるばかりではなく、私たちの祖先が今日まで守り伝えてきたものをより一層世に知らしめることになるでしょう。

そして、このような日本人の歩むべき道は、我が皇室の祖先が残してくれた教訓であり、その子孫である私と国民が守るべきものであるとともに、今も昔も世界のどこへ行っても通用する普遍的な真理なのです。

私もまた、国民の皆さんとともにこの教訓を決して忘れず、皆一致して立派な行いをしていくことをこころから念願するものです」

我国の優れた国柄、伝統を強調しておりますが、人種的優越性などどこにも出てきません。伝統の中に「八紘一宇」という世界支配を目指す考え方があるではないか、と反論する方がいるかもしれませんが、『古事記』に出てくる「八紘をおおいて宇（いえ）となさん」が原文でして、東京裁判でも Universal Brotherhood と訳されているように、世界みな一家という意味です。明治天皇が日露戦争開戦に当たって詠まれた有名な御製の和歌があります。

よもの海　みなはらからと　思ふ世に　など波風の　たちさわぐらむ

世界中（四方《よも》）はみな同胞《はらから》であるはずなのに、戦い（波風）が起こったことを嘆いていらっしゃるのは、八紘一宇の理想を思い描いているからです。

世界で評価された教育勅語

日本政府は教育勅語を英語・中国語・フランス語・ドイツ語などに翻訳して世界に紹介していました。特にイギリスは日本発展の原動力を、教育勅語を基にした道徳教育の力にあるととらえて、講演者の派遣を要請してきました。元東京帝国大学総長の菊池大麓《だいろく》が派遣され、半年間にわたりイギリス各地で講演して回りました。

全英教員協会の機関紙は「教育勅語と合致した教育精神を有する国民は、いかなる困難に直面しても進化上の出来事と済まされ、決して進歩の大道を逸脱することはない……この愛国心が強く、勇敢無比な国民は、教育上の進化を続け、結果としてその偉大な勅語に雄弁に示された精神を以《もっ》て、国民的進展を重ねていくであろう」と評論しました。日本は人種的優越性などということにこだわっていたのではなく、「今も昔も世界のどこへ行っても通用する普遍的な真理」に基づいた道徳的な優越性を追求していたのです。

「ドイツ人はアーリア人の優越性を宣伝し、日本人はそのヒエラルヒーの中で劣った立場に置かれた。しかし、日本自身もまた、ドイツ人を下位に位置付ける『支配民族』理論を信奉していた」(『Japan's Holocaust』第2章 p.33)

「支配民族」理論とは何を言っているのか少々分かりにくい言葉ですが、その例として、取りあげられているのが、１９４０年9月27日に日独伊三国同盟が調印された際、ヒットラーは前文で、現在進行中の世界的な紛争では最終的に「最強」の人種（すなわちアーリア人）が勝利するだろうとさりげなく日本人を揶揄した件です。この時、近衛首相、松岡外相、東條陸軍大臣は、日本が「皇道を広めるという壮大な使命」に失敗するようなことがあれば日本は存在するに値しない、とヒットラーの提起を回避するとともに、日本の正義の道を強調したことをあげています。

ともかく、日本はナチスと張り合って人種優秀論など主張してはいませんでした。そのことが、ユダヤ人に対する日本の政策、そして杉原千畝《ちうね》に代表される、ユダヤ人救済につながっていくのです。このことについては、ほとんど知られていないように思いますので、少し紹介しておきましょう。

杉原千畝がユダヤ難民6000人を救出

1940年7月22日、松岡外相はベルリンの日本大使館にユダヤ人の日本通過ビザ発給について、電報「第469号」を発しました。行先国の入国許可完了したものに限り、通過ビザを発給するように規則の順守を指示し、所轄の在外公館に周知を命じていました。

リトアニアのカウナスの領事代理杉原は、『千畝手記』で次のように記しています。

杉原千畝

「1940年7月18日の早朝であった。6時少し前、表通りに面した領事公館の寝室の窓際が、突然人だかりの喧しい話し声で騒がしくなり、……ザッと100人も公邸の鉄柵に寄りかかって、こちらに向かって何かを訴えている光景が、目に映った」

「この群衆の中より、即座に5名の代表を指名させた。そして代表団を通じて次のことを通告した」

「諸子の置かれている境遇はよくわかった。極めて同情するに値する。で、自分に与えられた権限、ないし守らなければならない規則及び常識の許す範囲内で極力援助してあげたいが、なにぶん大人数のこと故、単なるトランジットとはいいながら公安上の見地からも、上司、即外務大臣に向かって伺いを立てて、穏やかに事を処理していきたい」（『猶太《ユダヤ》難民と八紘一宇』上杉千年、展転社）

杉原は、本省に宛て事情を説明し、トランジット・ビザを簡便な手続きで発給する提案をしましたが、あくまで規則順守せよとの返電でした。

しかし、難民たちに外務省訓令を伝えても、引き下がってくれるような事態ではありません。

「忘れもせぬ1940年7月29日からは、1分間の休みもなく、ユダヤ難民のために、日本通過ビザ発給作業を開始した次第です。……最初1日平均300人のノルマで、難民処理するプランでスタートし、最初の3日間は、いちいち連続番号をつけてきたが、1000号近くになった時、こんな丁寧なことをしていても、この先、到底さばき切れないことに気づき、その手間を省くため、まず番号付けを取り止め、且つ、所定手数料の徴収も上述と同じ理由で、停止しました」（『猶太難民と八紘一宇』上杉千年、展転社）

実は杉原がビザを発給したのは、オランダ名誉領事ズワルテンディクが発行したキュラソ・ビザ所有者に日本通過ビザを発給するという形をとってのことでした。キュラソ・ビザにはこう書いてありました。

「オランダ領事館は、スリナム・キュラソをはじめとする南米のオランダ領への入国はビザを必要としない旨ここに確認する」。

いずれにしても、杉原は、なぜユダヤ人を助けたのでしょうか？　当時杉原がユダヤ人を助けても、一文の得にもなりませんでした。それどころか自らの立場を危険に晒すことです。なぜならユダヤ難民が杉原のもとに殺到したのは、日独伊三国軍事同盟締結の直前であったからです。常識的には、日本政府が最もユダヤ人に関わりたくない状況の中で、杉原はどうしてユダヤ人を助けたのでしょうか。

杉原は、次のように答えたといいます。

「それは私が、外務省に仕える役人であっただけでなく、天皇陛下に仕える一臣民であったからです。悲鳴を上げるユダヤ難民の前で私が考えたことは、もしここに陛下がいらっしゃったらどうなさるか、ということでした。陛下は目の前のユダヤ人を見殺しになさるだろうか、それとも温情をかけられるだろうか。そう考えると、結果ははっきりしていました。私がすべきことは、陛下がなさったであろうことをすることだけでした」『自由』(1997年9月9日号)「対極の民・日本人とユダヤ人」(ラビ・M・トケイヤー)

リッグは、これを次のように解釈するのです。

「ナチス・ドイツが『金銭を支配する』能力をもつユダヤ人の脅威を感じ、アウシュビッツの死刑執行令状に署名したのに対し、日本人は彼らを支配できれば、日本は最も効率的な支配手段で世界を支配できると考えた。だから、リトアニアのカウナスにいた杉原千畝日本帝国領事がユダヤ難民に提供した援助は、懐疑的な目で見なければならない」(『Japan's Holocaust』第2章 p.36)

もちろん、経済的な配慮というものはあったでしょう。しかし、経済的な利益ということを考えれば、ナチスのユダヤ人迫害は、どう考えてもドイツの利益になることとは思えません。そこがレイシズムのレイシズムたるゆえんです。日本はそのような人種偏見には陥っていなかったということが肝心な点です。さらに、杉原千畝の動機は自己の利害を離れても、天皇陛下ならどうされるだろうか、ということから行った行為であったという点も見逃せません。

リッグは天皇に対して、誹謗中傷の限りを尽くしていますが、全くの見当はずれのレイシズム思考であることがよく分かったのではないでしょうか。

樋口季一郎少将と極東ユダヤ人大会

樋口季一郎少将

ユダヤ人難民を救ったのは杉原だけではありません。樋口季一郎陸軍少将、安江仙弘《のりひろ》陸軍大佐、犬塚惟重《これしげ》海軍大佐なども大きな役割を果たしております。ここでは、その筆頭である樋口季一郎少将（のちに中将）の業績についてご紹介しておきましょう。

1937年12月26日から3日間満洲のハルピンで第1回極東ユダヤ人大会が開かれました。ユダヤ側出席者は日満支各代表としての21名に加えて、一般参加者700余名でした。日本側からは、樋口ハルピン特務機関長、結城濵江省次長、安江大佐、河村少佐などが個人の資格で出席しました。樋口少将は国の内外に物議をかもすほどに率直な祝辞を述べたのでした。少し長くなりますが、素晴らしい祝辞ですので、ぜひご覧ください。

「本日、ハルピン、ハイラル、大連、上海、天津、神戸、チチハル、満州里各重要都市のユダヤ民会代表者諸君が、一堂に会せられ、現下日満両国の極東に於ける地位を確認せられ、将来極東在住ユダヤ人として対日満態度を明確にせられたることは、真に機宜《きぎ》に適したる処置であり、且つ又、極東平和に対する重大意思表示として衷心より欣快《きんかい》に堪えない次第であります。由来ユダヤ民族と他民族との関係、特に紛争については、他の諸国に就いては度々これを見聞する処でありますが、我等日本国民中にユダヤ民族が混淆《こんこう》し非ざるの故に、わが日本に於いて未だ嘗てユダヤ民族に関する複雑なる問題が起こらなかったのであります。

従って我々としては将来共にいわゆるユダヤ民族問題に対して極めて公正なる立場に於いて処理しうることを信ずるものであります。

われらの認識する処によれば、ユダヤ民族は諸事研究熱心に富み、極めて勤勉であり、特に経済的乃至《ないし》社会的方面に於いて偉大なる能力を有し、且つ科学的分野に於いて世界的貢献を致したと信ずるものであります。

さて、歴史的にユダヤ民族に対し何等恩怨《おんえん》なき我ら日本人の眼には斯《か》くの如くユダヤ民族の長点がより明瞭に映ずるのでありますが、欧州の若干国においては可成《かなり》重大なる猶太《ユダヤ》問題を発見するのでありまして、彼らの指摘するユダヤ民族に対する難点は、物質主義的であり、国際主義的乃至社会主義的でありはたまた非同化的であるとなすものであります。然しながら私はそれが仮に事実なりとするも、それらはユダヤ民族が数千年の久しきにわたって国家を失い、各民族間に無限の苦悩を続け来れることより発せる後天的現象であって、先天的性質を有するものとしては宗教的影響乃至強き民族主義に基づく非同化性であると信ずるものであります。我ら日本民族も亦《また》非同化性の理由によって、在外移民として従来往々非難を受けて来たものであります。この点は日、猶両民族共に一応の反省を要するものと考えます。従って、もしユダヤ民族の強き民族精神が完全なる祖国復興によって満足せらるるか、然らずんば各民族間においてユダヤ民族が客分として経済的乃至科学的分野に於いてその天分を発揮する如く自他ともに反省考慮するとせんか、世界に於いて所謂《いわゆる》猶太問題なるものが容易に解消するであろうことを信ずるものであります。

友邦満州国は、所謂五族協和、換言すれば万民協和の精神をその建国の大理想となすものなるが故に日本国同様これまた勤勉善良なるユダヤ民族の個々に対しては十分これを庇護し、平和なる生活を営ましめ相共に王道楽土の平和郷建設に協力せしめん事を切望して居ると確信するものであります。

また、現在支那に於いては不幸にして日支同胞相闘って居りますが、日本として目指す処の目標は支那指導者の容共排日思想の打倒にあるのであって、断じて支那4億民衆を敵視するものではありません。しかるが故に、現にこの思想に躍る軍閥の掃討せられたる地方においては民衆の自然的要望として、対日満再認識の声が澎湃《ほうはい》として起こりつつある次第であります。

以上日満両国の対民族観念を叙述しつつ、私は本日諸子により議決せられたる貴重なる決議が単なる一個の空文と化し去ることなく、着々実行の上に、顕現せられ新極東の建設の上、ユダヤ民族として偉大なる歴史的貢献を致さんことを期待するものであります」（右樋口少将の祝辞は場内に多大の感銘を与え、出席ユダヤ人の感謝感激は会場破れんばかりの拍手を以て迎えられ、流涕《りゅうてい》するものあり）

（海軍軍令部第3部編『極東ユダヤ人民会代表会議第1回会議詳報』昭和13年2月17日、外務省外交史料館所蔵）

オトポール事件

樋口ハルピン特務機関長は、1938年3月8日、ソ連領オトポール駅にユダヤ難民滞留の報に接し、満洲国外務局のハルピン駐在の下村信貞に救出に努力するよう助言しました。そして、直ちに満鉄本社の松岡洋右《ようすけ》総裁に電話で列車の手配を依頼しました。

松岡総裁は、ユダヤ難民を無賃輸送する指示を与えたので、その後もこの無賃輸送は実施されたといいます。

この樋口、松岡の英断によりこの後もユダヤ難民はハルピンや大連に収容され、さらに上海などへと移動することになったのです。このオトポール事件のユダヤ難民の数については、相良俊輔著『流氷の海―ある軍司令官の決断』（光人社）に、日本イスラエル友好協会機関誌『日本とイスラエル』（昭和45年11月11日刊）に、河村愛三著『ナチスに追われたユダヤ人2万人の追憶』が2万人説を明示しています。河村論文中には「12両編成の列車13本をオトポールに送り、ユダヤ人を引き取る」と書かれているそうです。しかし、2万人説に疑問を呈する見方もあります。

これにはナチス・ドイツから抗議があり、関東軍司令部で東條参謀長より事情聴取がありましたが、樋口少将の意見に同意し、不問に付されました。（『ユダヤ難民を助けた日本と日本人』上杉千年、神社新報社）

このように、ユダヤ難民救出はたまたま杉原千畝が個人で行ったエピソード的な出来事ではなく、日本軍、日本国家の方針として行われたのであるということを認識することが大事です。

その何よりの証拠は、１９３８年12月６日に、五相会議（首相・外相・蔵相・陸相・海相）において「ユダヤ人対策要綱」が左記の如く決定されたことです。

独伊両国と親善関係を緊密に保持するは現下に於ける帝国外交の枢軸たるを以て、盟邦の排斥する猶太人を積極的に帝国に抱擁するは原則として避くべきも、之を独国と同様極端に排斥するが如き態度に出づるは唯に帝国の多年主張し来れる人種平等の精神に合致せざるのみならず、現に帝国の直面せる非常時局に於て戦争の遂行、特に経済建設上外資を導入するの必要と対米関係の悪化することを避くべき観点より不利なる結果を招来するの虞《おそれ》大なるに鑑み、左の方針に基き之を取扱うものとす。

方針

一、現在日、満、支に居住する猶太人に対しては他国人と同様公正に取扱い之を特別に排斥するが如き処置に出づることなし。

二、新《あらた》に日、満、支に渡来する猶太人に対して一般に外国人入国取締規則の範囲内に於て公正に処置す。

三、猶太人を積極的に日、満、支に招致するが如きは之を避く。但し資本家、技術家の如き、特に利用価値あるものは此の限りに非ず。

ここに、帝国政府と陸海軍は、パリ講和会議以来の「人種平等の精神」によって、「ユダヤ人に対しては、他国人同様、公正に取り扱い、これを特別に排斥するが如き処置に出づることとなし」と不動の国策を決定したのです。

リッグの日本に対する認識は、無知とレイシズムにより、全く曇ってしまっているとしか言えません。

第9章　原爆投下が驚異的な死者数を防いだ？

「多くの人が原爆投下は必要だったのか、と問うている。25年間この問題を研究してきた私は、この原爆がなければ、1945年11月の日本侵攻はおそらく成功し、何百万もの犠牲者を出していただろうと思う」（『Japan's Holocaust』第22章 p.275）

25年間もこの問題を研究してきたというにしては、巷間よく言われている俗説を一歩も出ない、お粗末極まりない認識です。

第31代アメリカ大統領のハーバート・フーバーは『Freedom Betrayed（裏切られた自由）』（フーバー研究所）（日

本語訳・草思社）という大著を残しています。この中の「資料18 ルーズベルトが7年間に犯した19の失策（1953年）」という項があります。

「日本の講和要請の拒否（1945年5月から7月）

15番目に、1945年5月から7月にかけて対日外交の失敗をあげなければならない。この頃日本は既に白旗を掲げていた。トルーマンはそれに気が付かないふりをした。トルーマンはルーズベルトのあの愚かな無条件降伏要求を踏襲する義務などなかった。無条件降伏要求がいかに愚かであるかは、ヨーロッパ方面を担当する軍の指導者が言っていたことだった。

日本と講和はたった一つの条件を容認するだけでよかった。それは『帝』の保持であった。帝は日本人の精神的、そして（当時は）世俗権力の長であった。彼の地位は、一千年にわたる長い宗教的信仰と伝統の上に築かれていた。結局は我が国は日本のこの要求を認めた

が、それは何万人もの命が無益に失われた後のことである」（『Freedom Betrayed』Herbert Hoover, Herbert Institution Press）

フーバーが言っているように、日本は5月から7月にかけて、講和に向けて動いていたのでした。それは、5月14日に最高戦争指導者会議で、ソ連を仲介として米英に平和を呼びかけることが決まったからです。ところがソ連はこの機会を利用して日本が追い詰められたところで、中立条約を破って参戦し、満洲を獲得するとともに、北海道を占領しようという野心を持っていたために、回答を引き延ばしていたのでした。日本側は7月13日に近衛元首相訪ソの提案までもしてこれを進めようとしていたのでした。

日本―ソ連間の無電を傍受していたアメリカ側では、よく日本の事情をつかんでいて、フーバーはこのように言っているわけです。5月28日、国務長官代理ジョセフ・グルーは、天皇制を含め日本人に彼らの自由意志によって政体を選ぶ権利を認める降伏勧告を日本に出すよう求めました。

6月18日の九州上陸作戦を議論する会議で、陸軍長官のヘンリー・スティムソン、海軍長官ジェイムス・フォレスタル、大統領付参謀長ウィリアム・リーヒが無条件降伏に固執することなく、皇室維持の条件を認めて日本に降伏を促すべきだという意見を述べていました。

トルーマンもこの勢いに押されて「天皇制存置条項」の入った対日降伏勧告を出すことに一旦は同意しました。だが翌日、ジェイムズ・バーンズ国務長官代理（のち国務長官）がこの声明案に反対し、ポツダム宣言にはこれが含まれないものになったのでした。それは、この時には原爆という切り札を手にし、無条件降伏要求を貫徹しようという考えに、バーンズもトルーマンもなっていたからです。もっとも、原爆投下の会議では、原爆開発推進の責任者を最初から担当してきた強硬論者のスティムソン陸軍長官も原爆投下には反対でした。

7月26日にポツダム宣言が発せられた時に、日本が受諾を逡巡したのは、一つには天皇制存置が明記されていなかったことと、もう一つはソ連の仲介の結果を待っていたことのためであったと考えられます。しかし、ソ連の引き延ばし戦術にひっかかり、その期待は空しく裏切られることになったのでした。

「原爆投下
17番目の間違いは、トルーマンによる日本に対する原爆投下命令である。これは非人道的な（immoral）決定であった。日本はすでに繰り返し講和を求めていたことに鑑みれば、これが間違った決定であることがわかるが、それ以上に、我国の歴史に比類のないほどの残虐性を刷り込んでしまった。この事実は我国民の良心をいつまでも苛《さいな》むことになるだろう」（『Freedom Betrayed』Herbert Hoover, Herbert Institution Press）

右記に述べたような事情を考えると、１９４５年11月に計画されていた日本侵攻が「絶対に必要」で「数百万の犠牲者」を出していただろうということを疑わないリッグの論は、とても25年間もこの問題を考えてきた「学者」の論とは思えない、視野が極度に狭く、一方的で実情を把握していない愚論と言わざるを得ません。無知まる出しということです。

原爆投下を正当化する日本が大虐殺のウソ

「日本は中国を破壊しながら、数百の作戦のうちたった2つの作戦（1937年から1938年にかけて南京・上海地区で約30万人、1942年浙江省地域で約25万人）で、原爆で亡くなった日本人の数（広島で14万人、長崎で7万人）より高い犠牲を払った。また、日本によって虐殺された3000万人のアジア人、数百万人のレイプ被害者（女性、少女、少年を含む）……」（『Japan's Holocaust』第22章 p.275）

このように、リッグは原爆投下の正当性を、南京で30万人、浙江省で25万人、更にはアジア全域で3000万人を虐殺した膨大な犠牲者に比べれば、広島14万人、長崎7万人など大したことではない、と言った理由で主張するのです。

しかし、彼の言う南京30万や、アジア全域3000万などという数字は全く根拠のない虚論であることは、第3章でアジア地域の数字について、第4章、5章で南京について、

第6章で中国2000万についてその根拠が全くないフェイクであることを事実に基づいて証明いたしました。中国2000万などという数字は20倍以上の誇張であるばかりでなく、その大部分が中国国民党軍によるものであることは、蔣介石の「堅壁清野」作戦による都市焼き払いを報ずるニューヨーク・タイムズの記事などにより明らかです。

最もひどいケースは黄河決壊作戦です。これによって中国住民に100万の死者、被害者700万を出したことは、『Japan's Holocaust』にも載っていますが、この作戦を日本軍に大打撃を与えた、などとたたえているのが、リッグです。実は、この洪水被害に際して日本軍は中国農民救出に全力を挙げているのですが、その結果約10万人の命を救っているのです。第6章に写真入りで説明した通りです。

フーバー大統領は、原爆投下を「非人道的で、間違った決定であった」「我が国の良心をいつまでも苛むことになるだろう」と述べているのですが、リッグはその良心を完全に失っているようです。ウソの日本軍虐殺者数を並べ立てることによって非人道的、犯罪的行為を正当化することは、まさしく道徳心の完全喪失ですが、そのもとはレイシズムによる現実認識の転倒とレイシズムによる日本人像の歪曲にあるということができます。

民間人を標的にした焼夷弾爆撃

第22章（p.276）では「中国の都市を爆撃して民間人を標的にし」と書いていますが、日本軍は民間人を標的とした爆撃など行っていません。戦力不足に悩む日本軍が何で民間人を標的にした爆撃などで爆弾を消耗するというんでしょうか。全くバカげています。重慶爆撃がよく非難されます。無差別爆撃であるというのですが、国民党が高射砲や軍事施設を住宅地の中に作ったために、その地区を爆撃したのであって、これは国際法的にも許容される攻撃でした。

民間人を標的にした攻撃は日本軍ではなく、アメリカ軍が行ったお得意のＢ29による「絨毯《じゅうたん》爆撃」がその最たるものです。ここで使われる爆弾は敵軍事施設、武器、武装兵士などを破壊する爆発力が強い通常の爆弾ではなく、「焼夷弾」です。爆発力はほとんどありませんが、これで火災を起こさせ、密集した都市に住む民間人を焼き殺す爆弾です。したがって、Ｂ29の都市爆撃は、明らかに民間人を標的とした国際法違反の爆撃です。

カーチス・ルメイ少将は１９４４年８月20日に、第20爆撃集団司令官となり、中国の成都基地からの対日爆撃に携わりました。しかし、焼夷弾爆撃の効果に目をつけていたルメイは、12月19日、５００トンの焼夷弾を使った大規模な「焼夷弾絨毯爆撃実験」を日本軍が占領していた漢口に対して実施し、大成功を収めました。最大の被害者は、もちろん日本軍ではなく、漢口の住民の圧倒的多数を占めていた中国民間人でした。即ち、焼夷弾による住民焼き殺し作戦の実験を中国人住民を使って行ったのがルメイでした。

日本に対するＢ29空爆はマリアナを基地とした第21爆撃集団でしたが、司令官のハンセル少将は、焼夷弾攻撃に批判的で採用しようとしませんでした。陸軍航空司令官アーノルド大将は、１９４５年１月20日、ハンセルを罷免し、ルメイを第21爆撃司令官に任命します。そして行ったのが３月10日の東京大空襲でした。３２５機のＢ29による38万１３００発、１６６５トンの焼夷弾を深川など人口密集地帯に集中的に投下して火災を引き起こす作戦により、死者行方不明者10万人以上、被災者１００万人以上、25万戸の家屋が焼失しました。小磯国昭総理大臣は「もっとも残酷、野蛮なアメリカ人」と激しく非難しました。

アメリカは、実は原爆投下の前に原爆に勝るとも劣らない国際法違反の残虐無比な、民間人の大量殺戮を行っていたというのがまぎれもない事実なのです。
そのルメイですが、原爆の殺戮を正当化して次のようなことを言っています。

「『核爆弾で人を殺すこと』と『石で頭を殴って人を殺すこと』のどちらが邪悪かと問題を提起した」（『Japan's Holocaust』第22章 p.280）

リッグは、「原爆投下は不道徳であり、戦争法に反すると考える人々のためにルメイ将軍が興味深い分析をしているとしてこの言葉を載せているのです。興味深い分析でも何でもありません。誰でも考えそうなことです。原始時代に戻れとでもいうんでしょうか。リッグは人類が長い闘争の歴史の中で生み出した知恵が「国際法」であり、「戦時国際法」であるという基本的なことを何も知らない男であることを自己暴露しているだけのことです。極めて低級な考えにすぎません。これで「学者」と言えるんでしょうかね。
リッグが再三にわたって書いている日本軍の大量殺戮など全く事実ではない捏造、虚報であるのに対して、こうした焼夷弾による住民焼き殺し爆撃は、東京の後、50都市以上に対しても行われ、その死者総数は30万以上に達しているのです。

日本は、このような大規模な国際法違反など全く行っていません。あの勝者による一方的な東京裁判ですら、南京20万という虚構数字以上の住民虐殺が主張されていないのを見ても、これは明らかなことです。むしろ、そういう大量虐殺など見当たらないからこそ、根拠薄弱ながら、宣伝戦で国際的に知られていた南京虐殺なるものを、原爆正当化の材料として持ち出してきたというのが、真相でしょう。

原爆投下を神に感謝する⁉

「広島と長崎の原爆投下が、日本の神々の心を降伏へと変え、驚異的な死傷者数を防いだことを知り、何百万もの疲れたＧＩ、海兵隊員、そしてその家族は、原爆を神に感謝した」「日本国民にとって幸運だったのは、たった２発の原爆で済んだことだ」（『Japan's Holocaust』第22章 p.279）

原爆のおかげで、「自分たち」が助かったことを神に感謝する人がいることは余りにも当たり前でと言えましょう。しかし、それを「正当化」することとは別のことです。リッグはこれを正当化するあまり、「たった2発の原爆で済んだ」と日本に恩を売るようなことまで言うのです。反日レイシストの面目躍如です。

すでに述べましたように、何も戦争を終わらすために、原爆投下をする必要などなかったのです。アメリカの元大統領が、その畢生《ひっせい》の著書『Freedom Betrayed（裏切られた自由）』で論拠をもって言っていることを、ぜひご確認ください。

すなわち、リッグなる「学者」は、こんな大事な文献、情報も知らずに、傲慢にも原爆なくして戦争終結はありえなかったと誤信し、原爆投下を正当化するだけでなく、「たった2発」で済んだことに感謝しろと言わんばかりに日本に恩着せがましく言っているのです。

「犠牲者になるはずだった人たちは皆、戦争が終結するように日本への原爆投下を許してくれた神々とアメリカに感謝するに違いない」（『Japan's Holocaust』第22章 p.280）

「日本への原爆投下を許してくれた神々とアメリカに感謝するに違いない」と言ってますが、一体どこの神が残酷極まりない犯罪的な行為である原爆投下を許してくれたというのでしょうか！　勝手に神の許しを僭称《せんしょう》しているのではありませんか。いったい、自分とアメリカは何様だと思っているのですか。フーバー大統領の「原爆投下は非人道的な(immoral)決定であった」というアメリカ人の良心、そしてカトリック教会の幹部であるデスコト神父の「心の底からの許しを求める」と広島平和式典で述べた言葉にリッグは改めて深く学ぶことをお勧めします。

ニカラグア外相であった、ミゲル・デスコト・ブロックマンは、第63回国連総会議長を務めましたが、２００９年8月6日、広島平和記念式典でのあいさつで、次のように述べています。

「一人のローマ・カトリック教会の聖職者として、またナザレのイエスの弟子の人々として、私は心の底から、日本の兄弟姉妹からの許しを求めます（seek forgiveness）。というのは、あの運命的なB29エノラ・ゲイの機長、今は故人のポール・ティベッツはローマ・カトリック教会の信者だったからです。あの出来事の後、カトリック教会の従軍聖職者だったジョージ・ザブレッカ神父が、これは（＊広島に対する原爆攻撃）は、イエスの教えに対する、想像しうる最悪の裏切り行為の一つと認めたことは、せめてもの私の慰めではありります。ローマ・カトリック教会の名において、私はみなさんの許しをお願いします（ask your forgiveness）。

64年の後、原子爆弾による破壊という身の毛もよだつ現実は、悲しみと恐怖、そして正しい怒り（righteous anger）を喚起する力を全く失っておりません」〔「ヒロシマ・ナガサキ２００９資料（2009.8.11）」〕

２０２４年度のノーベル平和賞に、日本原水爆被害者団体協議会（日本被団協）が選ばれました。12月10日、ノーベル賞の授与式がノルウェーの首都オスロで開かれ、被団協を代表して田中熙巳《てるみ》さんが20分間の挨拶を行いました。長いので、約半分に省略したものをご参考までに左記のとおりご紹介します。

核爆弾が何をもたらしたのかを、この挨拶を読んで、今一度よく考え直すことをリッグに強くお勧めします。より多くの殺人が行われているなどという虚構を根拠として核爆弾投下を正当化することがいかに不道徳であるかよくよく反省すべきです。

原爆投下を真っ向から正当化するリッグのこの書は日本の敵であるとともに、人類の敵であることを物語っているのがこの受賞です。リッグのこの本は許しがたい「反人類的黒書」であると言わなければなりません。

〈参考〉「ノーベル平和賞授与式における被団協代表委員の田中熙巳さんの挨拶」

国王・王妃両陛下、皇太子・皇太子妃両殿下、ノルウェー・ノーベル委員会の皆さん、ご列席の皆さん、核兵器廃絶を目指して闘う世界の友人の皆さん、ただいまご紹介いただきました日本被団協の代表委員の一人の田中熙巳でございます。本日は受賞者「日本被団協」を代表してあいさつをする機会を頂きありがとうございます。

私たちは1956年8月に「日本原水爆被害者団体協議会（日本被団協）」を結成しま

した。生きながらえた原爆被害者は歴史上未曽有の非人道的な被害を再び繰り返すことのないようにと、二つの基本要求を掲げて運動を展開してきました。一つは、日本政府の「戦争の被害は国民が受忍しなければならない」との主張にあらがい、原爆被害は戦争を開始し遂行した国によって償われなければならないという運動。二つは、核兵器は極めて非人道的な殺戮《さつりく》兵器であり人類とは共存させてはならない、速やかに廃絶しなければならない、という運動です。

この運動は「核のタブー」の形成に大きな役割を果たしたことは間違いないでしょう。しかし、今日、依然として1万2千発の核弾頭が地球上に存在し、4千発が即座に発射可能に配備がされている中で、ウクライナ戦争における核超大国のロシアによる核の威嚇、また、パレスチナ自治区ガザに対しイスラエルが執拗な攻撃を続ける中で核兵器の使用を口にする閣僚が現れるなど、市民の犠牲に加えて「核のタブー」が壊されようとしていることに限りない悔しさと憤りを覚えます。

私は長崎原爆の被爆者の一人です。13歳の時に爆心地から東に3キロ余り離れた自宅で被爆しました。1945年8月9日、爆撃機一機の爆音が突然聞こえると間もなく、真っ白な光で体が包まれました。その光に驚愕《きょうがく》し２階から階下に駆け降りました。目と耳をふさいで伏せた直後に強烈な衝撃波が通り抜けていきました。その後の記憶はなく、気が付いた時には大きなガラス戸が私の体の上に覆いかぶさっていました。ガラスが一枚も割れていなかったのは奇跡というほかありません。ほぼ無傷で助かりました。

長崎原爆の惨状をつぶさに見たのは三日後、爆心地帯に住んでいた二人の伯母《おば》の安否を尋ねて訪れた時です。私と母は小高い山を迂回し、峠にたどり着き、眼下を見下ろして愕然《がくぜん》としました。３キロ余り先の港まで、黒く焼き尽くされた廃虚が広がっていました。レンガ造りで東洋一を誇った大きな教会・浦上《うらかみ》天主堂は崩れ落ち、見る影もありませんでした。

麓に下りていく道筋の家は全て焼け落ち、その周りに遺体が放置され、あるいは大けがや大やけどを負いながらもなお生きているのに、誰からの救援もなく放置されているたくさんの人々。私はほとんど無感動となり、人間らしい心も閉ざし、ただひたすら目的地に向かうだけでした。

一人の伯母は爆心地から４００メートルの自宅の焼け跡に大学生の孫の遺体と共に黒焦

げの姿で転がっていました。もう一人の伯母の家は倒壊し、木材の山になっていました。祖父は全身大やけどで瀕死《ひんし》の状態でしゃがんでいました。伯母は大やけどを負い私たちの着く直前に亡くなっていて、私たちの手で荼毘《だび》に付しました。ほとんど無傷だった伯父は救援を求めてその場を離れていましたが、救援先で倒れ、高熱で一週間ほど苦しみ亡くなったそうです。一発の原子爆弾は私の身内五人を無残な姿に変え一挙に命を奪ったのです。

その時目にした人々の死にざまは、人間の死とはとても言えないありさまでした。誰からの手当ても受けることなく苦しんでいる人々が何十人、何百人といました。たとえ戦争といえどもこんな殺し方、傷つけ方をしてはいけないと、強く感じました。

長崎原爆は上空６００メートルで爆発。放出したエネルギーの50％は衝撃波として家屋を押しつぶし、35％は熱線として屋外の人々に大やけどを負わせ、倒壊した家屋の至る所に火を付けました。多くの人が家屋に押しつぶされ焼き殺されました。残りの15％は中性子線やガンマ線などの放射線として人体を貫き内部から破壊し、死に至らせ、また原爆症の原因をつくりました。

その年の末までの広島、長崎両市の死亡者の数は、広島14万人前後、長崎７万人前後とされています。原爆を被爆しけがを負い、放射線に被曝《ひばく》し生存していた人は40万人余りと推定されます。

生き残った被爆者たちは被爆後７年間、占領軍に沈黙を強いられ、さらに日本政府からも見放され、被爆後の10年間を孤独と、病苦と生活苦、偏見と差別に耐え続けました。

１９５４年３月１日のビキニ環礁でのアメリカの水爆実験によって、日本の漁船が「死の灰」に被爆する事件が起きました。中でも第五福竜丸の乗組員23人全員が被曝して急性放射能症を発症、捕獲したマグロは廃棄されました。この事件が契機となって、原水爆実験禁止、原水爆反対運動が始まり、燎原《りょうげん》の火のように日本中に広がったのです。３千万を超える署名に結実し、１９５５年８月「原水爆禁止世界大会」が広島で開かれ、翌年第２回大会が長崎で開かれました。この運動に励まされ、大会に参加した原爆被害者によって１９５６年８月10日「日本原水爆被害者団体協議会（日本被団協）」が結成されました。

結成宣言で「自らを救うとともに、私たちの体験を通して人類の危機を救おう」との決意を表明し、「核兵器の廃絶と原爆被害に対する国の補償」を求めて運動に立ち上がったのです。

……〈中略〉……

2016年4月、日本被団協が提案し世界の原爆被害者が呼びかけた「核兵器の禁止・廃絶を求める国際署名」は大きく広がり、1370万を超える署名を国連に提出しました。2017年7月7日に122カ国の賛同を得て「核兵器禁止条約」が制定されたことは大きな喜びです。……

想像してみてください。直ちに発射できる核弾頭が4千発もあるということを。広島や長崎で起こったことの数百倍、数千倍の被害が直ちに現出することがあるということです。皆さんがいつ被害者になってもおかしくないし、加害者になるかもしれない。ですから、核兵器をなくしていくためにどうしたらいいか、世界中の皆さんで共に話し合い、求めていただきたいと思うのです。

……〈略〉……

世界中の皆さん、「核兵器禁止条約」のさらなる普遍化と核兵器廃絶の国際条約の策定を目指し、核兵器の非人道性を感性で受け止めることのできるような原爆体験の証言の場を各国で開いてください。とりわけ核兵器国とそれらの同盟国の市民の中にしっかりと核兵器は人類と共存できない、共存させてはならないという信念が根付き、自国の政府の核政策を変えさせる力になるよう願っています。

人類が核兵器で自滅することのないように！

核兵器も戦争もない世界の人間社会を求めて共に頑張りましょう！

ウソの虐殺、レイプ、暴虐話を前提とすると、原子爆弾を含むあらゆる違法な戦争行為が正当化されるという恐るべきウソ話を列記したのが、『Japan's Holocaust』です。

そのウソを生み出す基には第1章で述べたように、日本人に対する極端なレイシズム的な認識があります。

「(日本人は) 自分たちが神々の直系の子孫であり、神々の一人に支配されているという独我論は、極端なエゴイズムを助長し、まさに自分たちは神の許しがあると信じていたからこそ、近代の如何なる権力も行ったことがないような最もグロテスクな残虐行為を喜んで行う国民を生み出した」(『Japan's Holocaust』第1章 p.26)

こんな日本人観を持っているのですから、

「1937年7月から1938年3月にかけて日本軍は上海から南京にかけて、言語に絶する暴力の波を放った。その犯罪規模は計り知れず、最低でも30万人の中国人市民が残虐に殺され、8万人以上の女性がレイプの対象となった」(『Japan's Holocaust』第5章 p.67)

などという暴論を本気で書いているわけです。上海から南京にかけての都市は焼き払われ、住民は虐殺され、婦女子は強姦されたというわけですが、実体はというと、町を焼き払ったのは国民党軍でした。ニューヨーク・タイムズのダーディン記者が再三にわたって、そのさまを記事に書いているのです。さらに言えば、住民からの略奪、虐殺行為は敗残国民党軍のお決まりの行為であることも明らかにしました。リッグの描く日本軍の暴虐は、全く根拠のない空論だということです。

また、戦場に起こりがちな兵士による強姦を防ぐために設けた、「慰安所」を「レイプ・センター」と名付けて非難する有様です。7章で述べましたが、アメリカは実は第二次大戦中に、イタリア、モロッコ、アルジェリア、リビアに軍事売春所を設けていたことが今では判明しております。アメリカも「レイプ・センター」を設けていたことになりますが、レイシズムにおかされたリッグには、アメリカの軍事売春はよいもので、日本のものはレイプ・センターになるというのでしょう。

それればかりではありません。フランスでは、売春婦たちとであろうが一般女性とであろうが、日中の公共の場、人目も気にせず関係を結ぼうとするアメリカ兵の横行に、フランスの市長ピエール・ヴォアシンは困り果てて、ウィード大佐に手紙で、「アメリカのほうで、町の北に売春施設を設けて、これからはそれを利用してもらえまいか」と、なんと慰安所の設置を要望しているのです。これは、メアリー・ルイーズ・ロバーツ著『兵士たちは何をしているのか』に出てくる話です。日本はそういう事態に備えて、事前に「慰安所」を設けていたのであって、これを「レイプ・センター」などと呼ぶのはもっての外で、普通の頭の持ち主なら、「さすが日本軍は先見の明がある」とたたえるはずです。

日本軍が兵士ではない一般の中国人を虐殺したなどというのなら、蔣介石軍が日本軍の包囲殲滅を免れるために、黄河決壊作戦を行ったときに、全力を挙げて住民救出活動を行ったのをどう説明するというのか、ぜひ聞きたいところです。

この決壊作戦によって発生した大洪水により、河南省・安徽省・江蘇省の三省の土地5万4000平方㎞を水浸しにしました。水没した範囲は11都市と4000の村に及び、3省の農地は農作物ごと破壊され、水死者は100万人、被害者は600万人と言われています。この最中に日本軍は必死で住民救出活動を行い、約10万人の住民を救助したのでした。このことだけで、リッグの空想的な日本軍大虐殺物語は、雲散霧消します。

台湾人の故黄文雄さんは書いています。「進駐してきた日本は略奪を行うどころか逆に、すでに台湾、朝鮮、満州で行ってきたように生産計画を立て、生産を指導・支援し、地主に苛斂誅求《かれんちゅうきゅう》をやめさせ、土匪《どひ》の襲撃から農民を守り、食料の確保と農民の救援に躍起となっていたのである」（『歴史通』平成27年3月号増刊）

日本は中国侵略・征服など行おうとしていなかったことは、南京占領の後の日本側の和平提案を見ればよく分かります。

1. 支那は容共抗日満政策を放棄し日満両国の防共政策に協力すること。
2. 所要地域に非武装地帯を設け且《かつ》該各地方に特殊機構を設置すること。
3. 日満支三国間に密接なる経済協定を締結すること。
4. 支那は帝国に所要の賠償をなすこと。

(別紙)

日支講和交渉条件細目

1. 支那は満州国を正式に承認すること。
2. 支那は排日及び反満政策を放棄すること。
3. 北支及び内蒙古に非武装地帯を設定すること。
4. 北支は支那主権の下に於いて日満支三国の共存共栄を実現するに適当なる機構を設定之に広範なる権限を付与し、特に日満支経済合作の実を挙ぐること。

すでに、南京、上海、北京その他中国の主要部を占領していたにもかかわらず、一片の領土要求もしていないことが分かります。日本の目的は中国との友好協力関係を築くことでした。
そして、反日レイシズムにも基づく幻想の行きつくところが、原爆投下の正当化です。もう手が付けられないという思いを何度もしながら読まなければならないのが、このレイシズム本でした。

令和7年1月

茂木弘道

●参考文献

『検定合格　新しい歴史教科書』（自由社、２０２４年）
『ある神話の背景』（曽野綾子）（ＰＨＰ研究所、１９９２年）
『暗黒大陸　中国の真実』（ラルフ・タウンゼント、田中秀雄・先田賢紀智訳）（芙蓉書房出版、２００４年）
『慰安婦性奴隷説をラムザイヤー教授が完全論破』（Ｊ・マーク・ラムザイヤー）（ハート出版、２０２３年）
『石射猪太郎日記』（石射猪太郎）（中央公論、１９９３年）
『一次史料が明かす南京事件の真実―アメリカ宣教師史観の呪縛を解く』（池田悠）（展転社、２０２０年）
『陰謀・暗殺・軍刀―一外交官の回想』（森島守人）（岩波新書、１９５０年）
『インド独立の志士と日本人』（原嘉陽編著）（展転社、２００３年）
『裏切られた自由』（上・下）（ハーバート・フーバー、渡辺惣樹訳）（草思社、２０１７年）
『海の武士道』（恵隆之介）（産経新聞出版、２００８年）
『沖縄ノート』（大江健三郎）（岩波書店、１９７０年）
『韓国の米軍慰安婦はなぜ生まれたのか』（崔吉城）（ハート出版、２０１４年）
『決定版　日中戦争』（波多野澄雄、戸部良一、松元崇、庄司潤一郎、川島真）（新潮新書、２０１８年）
『現代史の争点』（秦郁彦）（文藝春秋、１９９８年）
『抗日戦争中、中国共産党は何をしていたか』（謝幼田、坂井臣之介訳）（草思社、２００６年）
『原爆裁判―アメリカの大罪を裁いた三淵嘉子』（山我浩）（毎日ワンズ、２０２４年）
『再現　南京戦』（東中野修道）（草思社、２００７年）

『ザ・レイプ・オブ・南京の研究―中国における「情報戦」の手口と戦略』（藤岡信勝・東中野修道（祥伝社、1999年）
『支那事変―その秘められた史実』（山岡貞次郎）（原書房、1975年）
『支那事変は日本の侵略戦争ではない』（鈴木正男）（展転社、2002年）
『シナ大陸の真相　1931～1938』（カール・カワカミ、福井雄三訳）（展転社、2001年）
『自由』（1997年9月9日号）「対極の民・日本人とユダヤ人」（ラビ・M・トケイヤー）
『守城の人　明治人柴五郎大将の生涯』（村上兵衛）（光人社、2002年）
『蒋介石神話の嘘―中国と台湾を支配した独裁者の虚像と実像』（黄文雄）（明成社、2008年）
『新資料　盧溝橋事件』葛西純一編・訳）（成祥出版社、1975年）
『新聞が伝えた通州事件　1937～1945』（藤岡信勝・三浦小太郎・但馬オサム・石原隆夫―編）（集広舎、2022年）
『戦争を仕掛けた中国になぜ謝らなければならないのだ！』（茂木弘道）（自由社、2015年）
『曾虚白自伝』（曾虚白）（連経出版事業公司・台北、1988年）
『太平洋戦争への道』　第4巻　日中戦争〈下〉（日本国際政治学会）（2023年）
『大東亜戦争への道』（中村粲）（展転社、1990年）
『大東亜戦争―日本は「勝利の方程式」を持っていた』（茂木弘道）（ハート出版、2018年）
『チャーチル　秘密の戦争』（マドシュリー・ムカジー）
『中共雑記』（Random Notes on Red China）（エドガー・スノー、小野田耕三郎・都留信夫訳）（未来社、1964年）
『中国共産党の罠』（田中秀雄）（徳間書房、2018年）
『中国が葬った歴史の新・真実』（黄文雄）（青春出版社、2003年）
『中国こそ日本に謝罪すべき9つの理由』（黄文雄）（青春出版社、2004年）
『中国の赤い星』（Red Star Over China）（1937年）（エドガー・スノー、松岡洋子訳）（筑摩書房、1995年）

『中国の嘘』（何清漣、中川友訳）（扶桑社、２００５年）
『中国の戦争宣伝の内幕』（フレデリック・ヴィンセント・ウイリアムズ著、田中秀雄訳）（芙蓉書房出版、２００９年）
『中国の日本軍』（本多勝一）（創樹社、１９７２年）
『南京事件の総括―虐殺否定十五の論拠』（田中正明）（謙光社、１９８７年）
『通州事件　日本人はなぜ虐殺されたのか』（藤岡信勝・三浦小太郎編著）（勉誠出版、２０１７年）
『敵兵を救助せよ！』（恵隆之介）（草思社、２００６年）
『通州事件―目撃者の証言』（藤岡信勝編）（自由社、２０１６年）
『慟哭の通州―昭和十二年夏の虐殺事件』（加藤康男）（飛鳥新社、２０１６年）
『南京事件―国民党極秘文書から読み解く』（東中野修道）（草思社、２００６年）
『「南京安全地帯の記録」完訳と研究』（冨澤繁信訳）（展転社、２００４年）
『南京虐殺の徹底検証』（東中野修道）（展転社、１９９８年）
『「南京事件」の探求―その実像をもとめて』（北村稔）（文藝春秋、２００１年）
『南京事件の日々』（ミニー・ヴォートリン、笠原十九司訳）（大月書店、１９９９年）
『南京事件―「証拠写真」を検証する』（東中野修道、小林進、福永慎次郎著）（草思社、２００５年）
『南京事件はなかった―目覚めよ外務省！』（阿羅健一）（展転社、２０２２年）
『南京「虐殺」研究の最前線』（日本「南京」学会年報）（東中野修道編著）（平成14年・２００２年～平成20年・２００８年）
『南京「百人斬り競争」虚構の証明』（野田毅著・溝口郁夫編）（朱鳥社、２０１１年）
『南京「百人斬り競争」の真実』（東中野修道）（ＷＡＣ、２００７年）
『「南京事件」発展史』（冨澤繁信）（展転社、２００７年）
『南京事件の核心―データベースによる事件の解明』（冨澤信繁）（展転社、２００３年）

『再検証　南京で本当は何が起こったのか』（阿羅健一）（徳間書店、２００７年）
『南京「大虐殺」被害者証言の検証―技術屋が解明した虚構の構造』（川野元雄）（展転社、２０１２年）
『南京への道』（本多勝一）（朝日新聞社、１９８７年）
『南京の真実』（ジョン・ラーベ、平野卿子訳）（講談社、１９９７年）
『南京事件』（笠原十九司）（岩波書店、１９９７年）
『日中戦争史』（秦郁彦）（河出書房新社、１９６１年）
『日本はいかにして中国との戦争に引きずり込まれたか』（田中秀雄著）（草思社、２０１４年）
『マオ』（ユン・チアン、ジョン・ハリディ、土屋京子訳）（講談社　２００５年）
『戦史叢書86　支那事変陸軍作戦〈1〉』（防衛庁防衛研修所戦史室、１９７５年）
『日中戦争』第1冊「一、日本の対処方針　3．トラウトマン工作と「対手ニセズ」声明の発出」（外務省編纂）（六一書房、２０１１年）
『日中戦争　戦争を望んだ中国　望まなかった日本』（北村稔・林思雲）（ＰＨＰ研究所、２００８年）
『日中戦争　真逆の真相』（茂木弘道）（ハート出版、２０２４年）
『日中戦争はドイツが仕組んだ』（阿羅健一）（小学館、２００８年）
『日本がつくったアジアの歴史―7つの視点』（黄文雄・池田憲彦）（総合法令出版、１９９８年）
『日中戦争　知られざる真実―中国人はなぜ自力で内戦を収拾できなかったのか』（黄文雄）（光文社、２００２年）
『「日中戦争」は侵略ではなかった』（黄文雄）（ＷＡＣ、２０１１年）
『百年の遺産』（岡崎久彦）（海竜社、２０１１）
『別冊知性』昭和31年12月号「日華事変拡大か不拡大か―真の拡大主義者はどこにいたのか」（田中新一）（河出書房、１９５６年）
『本当は正しかった日本の戦争』（黄文雄）（徳間書店、２０１４年）
『満州国の遺産―歪められた日本近代史の精神』（黄文雄）（光文社、２００１年）

『満州国は日本の植民地ではなかった』（黄文雄）（ＷＡＣ、２００５年）
『毛沢東』（遠藤誉）（新潮社、２０１５年）
『猶太難民と八紘一宇』（上杉千年）（展転社、２００２年）
『ユダヤ難民を助けた日本と日本人』（上杉千年）（神社新報社、２００７年）
『陸軍中将　樋口季一郎の遺訓』（樋口隆一）（勉誠出版、２０２０年）
『流氷の海―ある軍司令官の決断』（相良俊輔）（光人社、２０１０年）
『盧溝橋事件の研究』（秦郁彦）（東京大学出版会、１９９６年）
『日本の悲劇　盧溝橋事件』（寺平忠輔著）（読売新聞社、１９７０年）
『私の戦争犯罪　朝鮮人強制連行』（吉田清治）（三一書房、１９８３年）

Freedom Betrayed, Herbert Hoover, Hoover Institution Press, 2011
Documents of the Nanking Safety Zone, edited by Shusi Hsu, PH.D., Kelly & Walsh, Limited, Shanghai, 1939.
What War Means: Japanese Terror in China, Harold Timperley, V. Gollanczs, Ltd., London, 1938.
Eyewitnesses to Massacre, edited by Zhang Kaiyuan, M.E. Sharpe, NY,1984.
DoD News: Secretary Rumsfeld and Gen. Myers, United States Department of Defense News Transcript, January 11, 2001.
THE LOWDOWN, January, 1939, New York.
Japan's Holocaust, Bryan Mark Rigg, KNOX PRESS, New York, 2024

茂木弘道（もてき・ひろみち）

昭和16年、東京都生まれ。

東京大学経済学部卒業後、富士電機、国際羊毛事務局を経て、平成２年に世界出版を設立。

「史実を世界に発信する会」会長、「新しい歴史教科書をつくる会」副会長、「南京事件の真実を検証する会」監事。

著書に『小学校に英語は必要ない。』（講談社）、『文科省が英語を壊す』（中央公論新社）、『大東亜戦争　日本は「勝利の方程式」を持っていた！』『日中戦争 真逆の真相』（ハート出版）、『「太平洋戦争」は無謀な戦争だったのか』（ジェームズ・ウッド原作、茂木翻訳、WAC）、『日米戦争を起こしたのは誰か』（共著・勉誠出版）などがある。

反日レイシズムの狂気

令和７年４月18日　第１刷発行

ISBN978-4-8024-0236-1　C0021

著　者　茂木弘道
発行者　日髙裕明
発行所　ハート出版
〒171-0014 東京都豊島区池袋3－9－23
TEL. 03－3590－6077　FAX. 03－3590－6078

印刷・製本／中央精版印刷